本书的出版得到了 2020 年度教育部人文社会科学研究专项任务项目（高校辅导员研究）"红色基因融入大学生日常思想政治教育工作研究"（立项编号：20JDSZ3089）、华东师范大学文化传承创新研究专项项目"革命文化融入大学生日常思想政治工作研究"（批准号：2022ECNU-WHCCYJ-21）的资助。

高校思想政治工作日常教育体系研究

王子蕲 著

天津出版传媒集团

天津人民出版社

图书在版编目(CIP)数据

高校思想政治工作日常教育体系研究 / 王子蘄著
. -- 天津 : 天津人民出版社, 2022.9
ISBN 978-7-201-18785-3

Ⅰ. ①高… Ⅱ. ①王… Ⅲ. ①高等学校—思想政治教
育—研究—中国 Ⅳ. ①G641

中国版本图书馆 CIP 数据核字(2022)第 166249 号

高校思想政治工作日常教育体系研究
GAOXIAO SIXIANG ZHENGZHI GONGZUO RICHANG JIAOYU TIXI YANJIU

出　　版	天津人民出版社
出 版 人	刘　庆
地　　址	天津市和平区西康路35号康岳大厦
邮政编码	300051
邮购电话	(022)23332469
电子信箱	reader@tjrmcbc.com

责任编辑	王　玚
封面设计	汤　磊

印　　刷	天津新华印务有限公司
经　　销	新华书店
开　　本	710毫米×1000毫米　1/16
印　　张	13
插　　页	2
字　　数	200千字
版次印次	2022年9月第1版　2022年9月第1次印刷
定　　价	78.00元

目录
CONTENTS

导　论

　　思想政治工作是中国共产党的优良传统和一切工作的生命线。无论是在革命战争年代还是在和平发展时期，党的主要领导人始终将思想政治工作视为全党工作的重中之重，要求用先进的理论和思想武装全党、教育人民，用正确的舆论引导人。大学阶段是青少年政治社会化进程的重要环节，习近平总书记强调："高校思想政治工作，面上看做的是学生思想政治工作，实际上将影响一代青年的思想观念、价值取向、精神风貌。"[①]新中国成立后，中国共产党采取多种措施加强高校学生思想政治工作，铸牢了意识形态的防线，为社会主义建设提供了人才保障。

　　大学生日常思想政治工作，是指与大学生日常生活紧密相连的思想政治教育。主要包括除思想政治课堂教学以外的，以大学生第二课堂活动为主要内容的教育形式，即大学生社会实践活动、校园文化建设、心理健康教育、网络教育等。思想政治工作日常教育体系和理论武装体系、学科教学体系、管理服务体系、安全稳定体系、队伍建设体系、评估督导体系一起构成了新

----

　　① 中共中央文献研究室.习近平关于青少年和共青团工作论述摘编[M].北京:中央文献出版社,2017:38.

时代高校思想政治工作体系。构建高校思想政治工作日常教育体系,对于落实好高校立德树人根本任务具有重要意义。

一、高校思想政治工作日常教育体系的要素

日常教育体系是一个庞大、复杂且动态的系统工程,从要素来看,包括教育主体、教育对象、教育内容、教育载体等,具有教育主体多元、教育内容丰富、教育载体多样、教育过程动态化等特点。大学的思想政治工作是一个多主体力量相互联系、相互制约、相互影响的过程。提升高校思想政治工作日常教育效果,必须打通教育诸环节。换言之,构建高校思想政治工作日常体系需要激活各主体的主动性和积极性,实现"1+1>2"的效果。因此,考察各个要素的内涵与外延,因势利导尤为重要。

(一)教育主体

思想政治教育主体是在思想政治教育过程中的主动行为者,主体既可以是单个的个人,也可以是由多个个人组成的群体。高校思政工作日常教育体系的教育主体,是指策划、组织和实施大学生日常思想政治教育的个体和群体。个体主体包括专职党务工作者、团干部、辅导员、班主任、"两课"教师、心理健康教育教师、学生宿舍和公寓管理人员、校园网络管理人员等,也包括能够实现自我教育的大学生。群体主体包括学校党团组织、学校职能部门、学院党团组织、学生党团组织、学生(研究生)会、班级、各类学生社团与协会等组织、团体和机构,也包括"大学生生活社区、学生公寓、网络虚拟群体等新型大学生组织"[1]。

---

[1] 教育部思想政治工作司.加强和改进大学生思想政治教育重要文献选编:1978—2014[M].北京:知识产权出版社,2015:268.

　　高校的日常思想政治教育通常由群体主体发起，个体主体参与策划、组织和实施。在个体主体层面，辅导员和班主任是高校日常思想政治教育的主干力量，承担着教育、管理、服务的多重角色。在群体主体方面，可以分为以下三个层次：

　　第一，领导部门。大学生的思想政治教育承担着实现人才培养目标、增强国家核心竞争力、实现中华民族伟大复兴的重大战略使命。当前，我国高校基本坚持校院两级管理体制，大学生日常思想政治教育同样实行两级领导体制，各级党委发挥政治核心作用。①学校党委作为一级领导机构全面领导学校工作，发挥"领导核心"②（即"承担管党治党、办学治校主体责任，把方向、管大局、作决策、保落实"）作用，学院（系）党委作为二级领导部门发挥"政治核心"③（即"履行政治责任，保证监督党的路线方针政策及上级党组织决定的贯彻执行"）作用。依托学校与学院的不同分工，形成了高校思想政治工作的基本格局。在具体的实践中，学院（系）党委既要落实学校党委思想政治教育的总体规划和部署安排，也要结合本学院（系）的学生情况开展具有学院（系）特色的大学生日常思想政治教育。将高校思想政治工作日常教育体系建设落到实处，必须统筹学校与学院（系/所）两级。党委要筑牢大学思想政治工作主导权，把思想政治工作贯穿育人全过程，全方位覆盖育人空间场域，确保高校始终成为培养德智体美劳全面发展的社会主义建设者和接班人的坚强阵地。

　　第二，执行部门。执行部门包括学校与学院两个层面。在学校层面，包括党委宣传部、学生工作部、团委、心理健康教育部门、就业指导部门、勤工助

---

　　①　宋平论党的建设文选[M].北京:中央文献出版社,2000:51.

　　②　吴晶,胡浩.习近平在全国高校思想政治工作会议上强调　把思想政治工作贯穿教育教学全过程　开创我国高等教育事业发展新局面[J].中国高等教育,2016(24):5-7.

　　③　中共中央国务院印发《关于加强和改进新形势下高校思想政治工作的意见》[J].社会主义论坛,2017(03):4-5.

学部门、公寓管理部门等各相关部门。在学院层面,则包括学院党委、团委及行政等组织,各组织部门中包含相关工作人员和辅导员、班主任等个体。各个部门及相关工作人员按上级规划和部署在具体的思想政治教育活动中各司其职、相互配合。近年来,伴随"三全育人"综合改革的持续推进,高校中被纳入思想政治工作的执行职能部门也在加多,包括教务处、研究生院等部门,也成为高校日常思想政治工作开展的执行部门。习近平总书记要求:"整体推进高校党政干部和共青团干部、思想政治理论课教师和哲学社会科学课教师、辅导员班主任和心理咨询教师等队伍建设。"①校、院(系)各执行部门中的党政干部、团干部、辅导员、班主任、思政课教师、心理咨询教师等,都是新时代日常思想政治工作的重要执行力量。

第三,学生自我教育组织。学生自我教育组织是高校日常思想政治工作的依靠力量,它既包括党支部、团支部、班委会、学生会、研究生会等正式组织,也包括各种学生社团、协会等非正式组织,还包括适应高校后勤社会化和网络信息技术发展产生的"大学生生活社区、学生公寓、网络虚拟群体等新型大学生组织"①。其中,党支部、团支部是大学生发挥主体性、开展自我教育的重要平台,起到重要的规范性作用,并且和以教师为主体的执行部门有着深度联系。班委会、学生会、研究生会、社团联合会等,也是按一定组织程序设立的正式群体,是学生"自我服务、自我管理、自我教育"的主体组织。这些组织是学生进行日常活动的重要组织类型,既是日常活动的组织依托,也是日常活动的重要平台。各类社团、协会、网络虚拟社群等则属于非正式群体,大学生个体因为"趣缘"等打破个体界限形成组合,规范性相对于前两类组织来说相对较弱,但它们既是日常活动的重要平台,更是活跃校园文化的骨干力

---

① 习近平.习近平谈治国理政:第二卷[M].北京:外文出版社,2017:380.

② 教育部思想政治工作司编.加强和改进大学生思想政治教育重要文献选编(1978—2014)[M].北京:知识产权出版社,2015:268.

量,在增强个性化教育、促进大学生全面发展方面扮演重要角色,从而承担起一部分的日常思想政治教育职能。

(二)教育对象

高校日常思想政治教育的对象是大学生。思想政治工作是做"人"的工作。习近平总书记指出:"思想领导,就是要掌握高校思想政治工作主导权……保证高校始终成为培养社会主义事业建设者和接班人的坚强阵地。"①党的十八大报告指出:"要坚持教育优先发展……培养德智体美全面发展的社会主义建设者和接班人。"②党的十九大报告再次强调:"落实立德树人根本任务。"③"当代大学生正处在一个社会生活节奏快速化、价值观念多元化的时代,其心理水平正处于一种走向成熟又未完全成熟的过渡时期。在这一时期,大学生的各种心理活动异常活跃,同时也充满了矛盾与困惑。"④

首先,当代青年大学生思想活动的独立性、复杂性、多变性与差异性日益增强。在互联网环境下,当代大学生接受的是碎片化的信息,思想观念和行为受到多种信息的影响,呈现出多元化的价值取向。而同时,大数据下形成的信息茧房又使得大学生的观念认识相对窄化和固化。大学生所处的年龄阶段决定了他们对社会热点的关注热情更高,但由于知识结构和社会认知的局限,他们更容易受到多种差异化的思想文化的影响。成长在改革开放持续深入、网络信息化不断发展的时代背景下,当代大学生思维活跃,个体

---

① 中共中央文献研究室.习近平关于社会主义文化建设论述摘编[M].北京:中央文献出版社,2017:55-56.

② 胡锦涛.坚定不移沿着中国特色社会主义道路前进 为全面建成小康社会而奋斗——在中国共产党第十八次全国代表大会上的报告[M].北京:人民出版社,2012:35.

③ 习近平.决胜全面建成小康社会 夺取新时代中国特色社会主义伟大胜利——在中国共产党第十九次全国代表大会上的报告[M].北京:人民出版社,2017:45.

④ 谢安国,纪安玲,陈卓.大学思想政治工作专题研究[M].北京:人民出版社,2019:45.

意识强,实现个人诉求的愿望强烈,自尊、自信心态突出,勇于创新和接受挑战,他们的认知水平、行为方式、思想观念、价值取向、目标追求等各方面日益个性化、复杂化与多元化。大学生的人格发展和价值观逐渐成熟,自我成长意识逐渐增强,具有强烈的进取心和使命感。

其次,当代大学生的心理需求日益多元多样和多变。当代大学生的各种需求层次和内容范围不断扩大,发展需求特别是精神需求、生命价值实现等需求日益增多,获得感、幸福感、成就感等需求日益增多,基于情感心理、人际交往、信息获取、娱乐休闲等多元需求日渐增多。在高校思想政治工作中,要充分尊重大学生的多元化需要,引导他们树立正确的价值观,使他们成为一名合格的社会主义建设者。此外,当代大学生们正处在迅速走向成熟而又未完全成熟的人格定型的关键时期,由于知识局限和社会经验不足,大学生们的自我意识尚不全面、看待和处理问题容易主观片面、情绪控制和抗挫折能力较弱。

需要说明的是,日常思想政治教育是一个教育主体与教育对象双向互动的过程。随着信息技术的飞速发展,新媒体、新技术的介入和应用,传统的教师和学生在日常的思想政治教育中的主客体关系得到了一定的调整。青年大学生在日常思想政治教育中的主体性作用更为突出,他们借助了各种新技术手段,有了更多丰富的交流平台,从而使得其主体性作用借助于各种新的组织类型,如网络社群等,有了更为广阔的发挥舞台。

(三)教育内容

"思想政治教育内容是思想政治教育的重要组成部分,是根据一定社会或阶级的要求,针对教育对象的思想实际,经教育者选择设计后有目的、有步骤地输送给教育对象的一切信息。"①思想政治教育的内容,包括思想教育、政治教育、道德教育、法治观教育、网络思想政治教育等。而高校思想政治工作中的日常思想政治教育侧重对青年大学生的思想疏导和日常行为的养成,侧重满足青年大学生的现实发展需求。大学生日常思想政治教育的内容可以分为主导性、基础性、发展性及特色性四个层次。

大学生日常思想政治教育内容的主导性方面,是指马克思主义理论教育。马克思主义在我国意识形态领域居指导地位。中国共产党在推进青年大学生的思政教育上,注重目的与手段的统一。在酝酿中国共产党成立的过程中,"那些追随马克思主义的爱国知识青年,开始了一场旷日持久的理论大辩论"②。进行理论大辩论的过程就是用马克思主义理论武装青年的过程。早在新民主主义革命时期,中国共产党就把对青年大学生的思想政治教育摆在了重要位置。"要使青年们懂得,没有一个用马克思主义基本理论武装起来的、全心全意为人民服务的党,没有这样的党的领导,革命不会成功,建设也不会搞好。"③进入 21 世纪后,依据党和国家所处形势变化,胡锦涛同志指出:"要从赢得青年、赢得未来的高度,抓好大学生的理论学习,深入推进马克思主义中国化最新成果进教材、进课堂、进头脑工作,让青年知识分子了解和相信党的理论。"④要实现上述目标,就必须利用多种平台、多种场合加强马克思主义理论教育。21 世纪以来,党领导实施了大学生马克思主义自主学习行动计划,以加强青年马克思主义者的培养。⑤然而培养青年马克思主义者,决不能单纯依靠课堂授课,而是要融入日常思想政治教育之中。"日

---

①　陈万柏,张耀灿.思想政治教育学原理[M].武汉:华中师范大学出版社,2010:141.

②　邓中夏全集:下[M].北京:人民出版社,2014:1675.

③　万里文选[M].北京:人民出版社,1995:350.

④　胡锦涛文选:第二卷[M].北京:人民出版社,2016:528.

⑤　中共中央党史和文献研究院.十八大以来重要文献选编:下[M].北京:中央文献出版社,2018:481.

常"作为大学生生活的重要空间,提供了大学生开展马克思主义学习的重要时间、空间等资源,是大学生第一课堂学习的重要延伸。

"马克思主义是我们立党立国、兴党兴国的根本指导思想。实践告诉我们,中国共产党为什么能,中国特色社会主义为什么好,归根到底是马克思主义行,是中国化时代化的马克思主义行。"①习近平新时代中国特色社会主义思想是当代中国马克思主义、21世纪马克思主义,是马克思主义与中国实际和中国传统文化结合的成果,是新时代高校育人的根本指导思想。

大学生日常思想政治教育内容的基础性方面,是指教育工作者向在校大学生传递的最基础的思想观念与道德规范。这些观念与规范包括理想信念教育、爱国主义教育、党史教育、民族精神教育、集体主义教育、道德规范教育、心理健康教育、人文素质教育,等等。教育工作者要以立德树人为根本,紧紧围绕价值信仰、家国情怀、道德品质、文化素养开展日常思想政治教育。理想信念教育就是要使广大青年大学生树立共产主义理想信念,不断培养社会主义的合格建设者。社会主义核心价值观是中国共产党关于社会伦理、社会道德与个人修养的汇聚凝练。②价值观是文化的核心,社会主义核心价值观是社会主义先进文化核心中的核心。③青年大学生要在日常生活中自觉践行社会主义核心价值观。

大学生日常思想政治教育内容的发展性方面,是指凸显时代性特征的内容。大学生日常思想政治教育的内容必须把握时代脉搏、符合时代需求,用时代内容塑造学生良好的品格。当前,在百年未有之大变局的时代背景下,青年大学生面临的思想环境纷繁复杂、诡谲多变。在个人与社会的统一

① 高举中国特色社会主义伟大旗帜 为全面建设社会主义现代化国家而团结奋斗——在中国共产党第二十次全国代表大会上的报告[N].人民日报,2022-10-26(02).

② 樊士博.互联网视阈下社会主义核心价值观传播的现实意义[J].党史文苑,2016(16):60-63.

③ 中共云南省委宣传部.社会主义核心价值观干部读本[M].北京:人民出版社,2014:18.

中实现个体价值，是尊重青年大学生成长规律的内在要求，也是落实思想政治日常教育工作体系的重要任务。时代需要什么样的人才，高校就要培养什么样的人才。青年大学生要依据时代发展，自觉与时代需求对接起来。青年大学生应把理论知识与社会实践有机地结合起来，以提高学生的综合素质。而要实现这些目标，就必须借助高校日常思想政治工作体系。

大学生日常思想政治教育内容的特色性方面，是指综合素质教育。在百年未有之大变局之下，思想政治工作者要结合学生的群体性特征和时代特征，通过实践、心理健康、校园文化等日常思政工作载体，加强对大学生的政治立场、创新思维、批判性思维等方面的培养，实现青年大学生品格塑造与能力培养的统一。特色活动也包括高校结合大学生个体性的兴趣专长，因材施教，提供能够增强其个人竞争力的条件。

（四）教育载体

教育载体是在完成教育目标过程中承载着教育任务的具体教育形式，是连接教育主体和客体的纽带。思想政治教育载体，是指将思想政治教育观念外化、物质化和现实化的形式和手段，不仅承载思想政治教育的有关信息，为大学生日常思想政治工作者所掌握，而且能够在日常思想政治教育过程中将教育主体与教育对象联系起来，促进教育者与大学生互动交流。大学生思想政治教育载体的表现形式多样，各类不同载体在实践中紧密联系、相辅相成，共同促进日常教育的开展。从类别上看，高校日常思想政治教育的载体可以分为以下五类：

第一，教育教学载体。高校是青年大学生学习的场所，其主要工作任务是开展面向广大学生的教育教学活动，因此日常思想政治教育离不开教育教学载体。不同于思想政治教育理论课，日常思想政治教育通常被称为第二课堂，侧重的是解决大学生在课堂外面对的现实问题。因此，这里的教育教学载体并非是指课堂之内的思想政治理论课程，而是形势报告会等经常性的教育方式、围绕重大事件和重要议题开展的学习教育等主题教育方式和入党积极分子培训班等针对特定对象及内容的集中教育方式。

第二，日常管理载体。日常管理载体是将思想政治教育寓于日常，通过一定的组织纪律、规章制度和行政措施对大学生的日常行为予以约束、规范和协调，帮助广大学生养成良好思想品德和行为习惯。习近平总书记在强调行政科学性时说："把服务建立在科学规范的管理之上，把管理寓于便捷周到的服务之中"[①]，将这一论述应用到高校思想政治工作领域中同样适用。只有在服务学生中灌输思想政治教育的内容，才能潜移默化地提升效果，实现日常管理载体的效果最优化。

第三，实践活动载体。丰富多彩的校园活动是广大青年大学生活的重要组成部分，把日常思想政治教育融入丰富多彩的活动中，能够潜移默化地感染、熏陶和教育学生，陶冶大学生情操、培育高尚人格。从现实来看，校园活动往往结合党、国家及学校本身发展上的重大时间节点进行策划，能够在活动中提升青年大学生的爱党之心、爱国之情及爱校之感。这些校园活动是贯彻思想政治教育的天然载体。

第四，校园文化载体。校园文化是青年大学生学业生活及日常生活的重要载体，同时青年大学生的学校生活也在充实着校园文化。思想政治教育是运用先进文化涵化人，实现文化浸润作用，实现大学生对积极文化的赞赏和对消极文化的抵制，在认同先进文化中逐渐矫正、发展自己的观念、立场和行为。校园文化包含丰富的科学精神、人文底蕴和文明修养。健康的校园文化还能够以潜移默化的、经常性的影响促进优良校风、学风的形成，引领带动在校学生充实知识素养，提高实践能力，增强育人效果。构建健康向上的

---

① 习近平.干在实处 走在前列——推进浙江新发展的思考与实践[M].北京:中共中央党校出版社,2006:223.

校园文化有利于提升学校的人文氛围,增强学生的参与感。将思想政治教育纳入校园文化建设,是促进学生全面发展的内在要求。

第五,传播媒介载体。传媒技术的迅猛发展导致了信息大爆炸,大学生每天都面对海量的外部信息。互联网等新兴媒体的出现,对传统教育管理方式提出了挑战,创新大学生思想政治教育的任务极为紧迫。①因此,要"树立互联网思维,推动思想政治工作传统优势与信息技术高度融合,使互联网成为开展思想政治教育的新平台"②。观察整个过程,青年大学生既是传播者,也是传播媒介的"俘获者"。简言之,青年大学生既创造媒介内容,也受到已有媒介信息的影响。如此一来,传播媒介自然成为高校思政日常教育的重要载体。具体来说,除了传统的校报、广播、电视、宣传栏以外,也包括微信、微博、网站、手机应用软件等网络思想政治教育方式。随着网络新媒体的发展,依托于互联网的各类网络媒介在日常思想政治教育中的角色日益重要。

二、高校思想政治工作日常教育体系的内容

2020年,教育部等八部门联合印发了《关于加快构建高校思想政治工作体系的意见》,详细规划了包括理论武装体系、学科教学体系、日常教育体系、管理服务体系、安全稳定体系、队伍建设体系、评估督导体系在内的七个子体系。其中,在日常教育体系方面,《意见》明确了四点内容,即深化实践教育、繁荣校园文化、加强网络育人、促进心理健康。

---

① 中共中央文献研究室.十六大以来重要文献选编:中[M].北京:中央文献出版社,2006:649.
② 中共中央党史和文献研究院.十八大以来重要文献选编:下[M].北京:中央文献出版社,2018:488.

(一)深化实践教育

马克思主义实践观认为，实践与认识是辩证统一的，实践是认识的来源，实践决定认识，认识反作用于实践。思想政治工作不仅强调认识层面的内容，也强调实践层面的内容。对青年大学生的日常思想政治教育更需注重实践。大学生在学习性、成长性和社会化的实践中发展、检验所学知识，将其合理部分固化为自身认知体系和价值观念，能够以知促行，以行求知，促进知行合一，在认识世界的同时改造世界。党的十九大报告中，习近平总书记强调要"把社会主义核心价值观融入社会发展各方面"①。2017 年底，国家倡导高校在思想政治工作质量提升工程中构建"实践育人质量提升体系"②，从顶层设计上进一步促进大学生扎根实践、知行合一。

高校不仅是青年大学生学习理论知识的平台，也是进行实践的平台。在高校中，通过将思想政治教育的主线贯穿于大学生日常的实践教育活动中，使得各部门协同开展工作，共同促进对青年大学生的思想政治教育引导。与此同时，各类实践活动为青年大学生结合理论观察、分析、解决实际生活中的问题和矛盾提供了机会，青年大学生在参与各类实践的过程中能够充分发挥自身主观能动性，进一步认识和把握客观世界，进而形成对客观世界的新认识，巩固课堂所学的知识并在实践中获得全面发展。当前，中国正在向着全面建成社会主义现代化强国的第二个百年奋斗目标迈进，党和国家的建设成果和思想理论创新为高校开展大学生思想政治教育提供了丰富而独有的外部经验，是高校开展社会实践和社会调查的重要资源。高校应充分利

---

① 习近平.决胜全面建成小康社会 夺取新时代中国特色社会主义伟大胜利——在中国共产党第十九次全国代表大会上的报告[M].北京：人民出版社，2017：42.

② 中共教育部党组关于印发《高校思想政治工作质量提升工程实施纲要》的通知[EB/OL].http://www.csdp.edu.cn/article/3314.html.

用这些宝贵的理论资源和经验资源,丰富各类社会实践形式,深入开展"青年红色筑梦之旅""'小我融入大我,青春献给祖国'主题社会实践"等主题活动,推动构建政府、社会、学校协同联动的"实践育人共同体",挖掘和编制"资源图谱",进一步从内涵上提升大学生对于劳动教育的理解和实际效果。

(二)繁荣校园文化

文化对人的影响是潜移默化、长期而深刻的。优秀的文化可以涵养德行,滋养心灵,培植灵魂。大学校园文化是一种多元的文化形式,在价值观念的形成过程中,对大学生的思想、价值和行为都产生了一定的影响。良好的校园文化能在一定程度上影响人、改变人的思想意识和言行举止,从而在润物细无声中感染人、转化人,潜移默化地影响青年大学生的思想意识和言行举止,从而提升其思想觉悟、道德修养、精神境界和综合素质,促进青年大学生的全面发展和健康成长。党的十八大以来,习近平总书记把文化建设放在了"五位一体"总体布局中加以考察。文化建设的基本目标是"以人为本",而"以人的全面发展"为核心。2016年,习近平总书记在全国高校思想政治工作会议上指出:"要更加注重以文化人、以文育人,广泛开展文明校园创建……广泛开展各类社会实践"[1],这一讲话明确了高校要坚持重视"以文化育人"的日常教育路径。

高等学校应树立"以文化为本"的价值取向和教育理念,从顶层设计和制度规划入手,坚持校园文化的主旋律,构建积极向上、高雅健康的校园文化,在潜移默化中影响学生。具体而言,校园文化包括物质文化、精神文化、制度文化三种文化形式,通过校园建筑景观、文物、校史校歌等文化内涵,提升大学精神气质,让青年大学生感受校园历史文化熏陶,培养知恩感恩、追

---

① 张烁.习近平在全国高校思想政治工作会议上强调　把思想政治工作贯穿教育教学全过程　开创我国高等教育事业发展新局面[N].人民日报,2016-12-09(1).

思先贤的精神品质;培养良好的校风、教风和学风,培养适应新时期高校的精神面貌;坚持创建文明校园,培育尊重老师、重视礼仪、团结互助、友爱他人的思想道德;建立一批文化遗产保护基地;把创造文化产品和营造文化氛围有机地联系在一起,强化大学的原创文化精品的创作和宣传。

(三)加强网络育人

2016年12月,习近平总书记在全国高校思想政治工作会议讲话中指出:"高校思想政治工作……要坚持把立德树人作为中心环节,把思想政治工作贯穿教育教学全过程,实现全程育人、全方位育人。"[①]而要落实以上要求,就必须牢牢抓住网络育人这一着力点。

由于信息化的迅猛发展,特别是互联网技术的深层次普及和运用,网络生活已逐渐成为大学生学习、工作和生活的重要内容。一方面,新一代网络信息技术以移动互联网、物联网、云计算、人工智能等为代表,网络新媒体、大数据新技术等为大学生日常思想政治教育提供了新载体。另一方面,社会信息化和网络化的迅猛发展也对高校学生的日常思想政治工作产生了影响。习近平总书记强调:"互联网是我们面临的最大变量,在互联网这个战场上,我们能否顶得住、打得赢,直接关系国家政治安全。"[②]网络虚拟空间中各种信息纷繁复杂,而网络新媒体与自媒体的崛起更是使传统的教育引导方式面临网络新挑战。高校日常思想政治工作的开展与落实,需要加强网络文化建设,发挥网络文化育人功能,利用网络媒介构筑牢固的思想防线。2020年教育部等八部门联合印发的《关于加快构建高校思想政治工作体系

---

① 张烁.习近平在全国高校思想政治工作会议上强调 把思想政治工作贯穿教育教学全过程 开创我国高等教育事业发展新局面[N].人民日报,2016-12-09(1).

② 中共中央党史和文献研究院.习近平关于网络强国论述摘编[M].北京:中央文献出版社,2021:56.

的意见》指出，要"提升校园新媒体网络平台的服务力、吸引力和黏合度……重点建设一批高校思政类公众号，发挥新媒体平台对高校思政工作的促进作用"①。

(四)促进心理健康

心理健康是人的基本心理活动协调一致的过程，表现在认知、情感、意志、人格等的高度统一，能与外界相互适应。心理健康是人健康状况的重要指标，尤其是随着物质水平的提高，以及外部世界的日益多元化，人的精神需求更为突出，需要处理的外界问题也越来越多。这容易引发学生学习困难、考试焦虑、消极自闭等问题，而近年来大学生因学习压力、恋爱受挫、就业压力、环境不适、人际关系不协调等原因，心理健康问题愈益引起重视。习近平总书记很早就重视加强大学生心理健康教育，他多次强调："要加强大学生心理健康教育……培养良好的心理品质，提高适应社会的能力。"②

在高校日常思想政治教育中，教育工作者应关注学生在课堂之外的德育行为和精神世界的健康成长，给予学生更加细致的人文关怀，真正走进大学生的学习与生活。应结合当前大学生的个体心理特征，提高他们的自我管理与环境适应能力，促进大学生人格的全面发展。2016 年 12 月，中共中央、国务院联合下发《关于加强和改进新形势下高校思想政治工作的意见》，要求"加强人文关怀和心理疏导"③。2017 年底，国家开始实施高校思想政治工

---

① 教育部等八部门关于加快构建高校思想政治工作体系的意见[EB/OL].http://www.moe.cn/srcsite/A12/moe_1407/s253/202005/t20200511_452697.html.

② 习近平.干在实处　走在前列——推进浙江新发展的思考与实践[M].北京:中共中央党校出版社,2006:306.

③ 中共中央党史和文献研究院.十八大以来重要文献选编:下[M].北京:中央文献出版社,2018:489.

作质量提升工程,倡导构建"心理育人质量提升体系"①。目前各高校都建立了心理健康教育机构,开展心理咨询和心理辅导。2020 年印发的《关于加快构建高校思想政治工作体系的意见》指出,要"把心理健康教育课程纳入整体教学计划"②。只有更加关注青年大学生的心理状态,才能增强思想政治教育的现实针对性和有效性。在竞争日趋激烈、多重压力并行的时代背景下,帮助大学生形成良好的心理品质和坚强的意志力,更好地面对成长道路上的困难、考验和挫折,成为高校日常教育中的一项迫切任务。

三、高校思想政治工作日常教育体系的定位

(一)大学生日常思想政治教育的"主阵地"地位

大学生日常思想政治教育是大学生思想政治教育的重要组成部分。早在 1995 年国家教委颁布的《中国普通高等学校德育大纲》通知中,就曾指出:"辅导员和班主任是日常思想政治教育的直接组织者和协调者"③,这是国家首次明确提出"日常思想政治教育"的概念。2004 年 8 月,《中共中央、国务院关于进一步加强和改进大学生思想政治教育的意见》中,明确提出了对日常思想政治教育的要求。2006 年 4 月,日常思想政治教育的主阵地作用正式提出。时任教育部部长周济在全国高校辅导员队伍建设工作会议上的报告中首次明确了大学生日常思想政治教育的"主阵地"地位,他指出:"大学生思想政治教育包括思想政治理论教育和日常思想政治教育两个重要方

---

①② 中共教育部党组关于印发《高校思想政治工作质量提升工程实施纲要》的通知[EB/OL].
http://www.csdp.edu.cn/article/3314.html.

③ 中国普通高等学校德育大纲[J].中国高等教育.1996(1/2):6.

面,一个是主渠道、一个是主阵地。"① 2012 年,教育部在印发的《高等教育专题规划》中强调:"发挥日常思想政治教育主阵地作用……帮助学生排忧解难。"②自此,有关大学生日常思想政治教育的"主阵地"表述在党政文献中逐渐丰满。

在 2020 年教育部提出的高校思想政治工作体系中,思想政治理论课和其他各类型课程中的课程思政共同成为课堂思想政治教育的主要渠道,发挥课堂教学的主导作用。这是对之前单纯强调思想政治理论课是大学生思想政治教育主渠道的重要延伸和拓展。而日常思想政治工作体系则是对与之各有侧重、相辅相成、相互促进的另一具有基础性意义的体系。日常思想政治工作体系主阵地作用的发挥,突出体现在对大学生日常生活时空的全覆盖。大学生除参与课堂学习外,其思想价值观念的形成离不开其他社会性的活动,日常思想政治体系的着眼点包含了线上与线下、实践生活与心理活动,学习事务与娱乐休闲,是对新时空下大学生思想政治工作环境的重构与整合。在主阵地作用的发挥中,大学生因为充分及多面向的社会生活的参与,使得政府、企业、社会组织等领域的师资、场地、项目都成为大学生思想政治教育的资源,主渠道的理论教育有了更为开阔的校验空间,理论基础和思维建构有了新的运用场域。从而使得"知与行"通过第一课堂和第二课堂加以互构,为整体性开展思想政治教育的实现提供了可能。

(二)日常教育体系在思想政治工作体系的定位

2020 年,教育部等八部门印发的《关于加快构建高校思想政治工作体系

---

① 切实推进高校辅导员队伍建设 为加强大学生思想政治教育提供坚强的组织保证——周济部长在全国高校辅导员队伍建设工作会议上的报告[EB/OL].http://www.moe.gov.cn/jyb_zzig/moe_187/moe_410/moe_458/tnull_18978.html.

② 教育部思想政治工作司.加强和改进大学生思想政治教育重要文献选编:1978-2014[M].北京:知识产权出版社,2015:540.

的意见》详细规划了包括理论武装体系、学科教学体系、日常教育体系、管理服务体系、安全稳定体系、队伍建设体系、评估督导体系在内的高校思想政治工作体系的七个子体系。

高校思政工作是系统性工程，涉及众多方面，是多种因素相互联系、相互作用构成的有机整体。理论武装、学科教学、日常教育、管理服务、安全稳定、队伍建设、评估督导七个子体系各具特色，分别承担着不同的育人功能。每一个体系相对独立、各司其职而又相互联结、相辅相成，各个体系有序运作、相互配合衔接。其中，"学科教学体系、日常教育体系、管理服务体系、安全稳定体系"四个子体系组成了内容体系，是高校思想政治工作这一系统工程的主体，涵盖了高校教学、管理、服务、安全等各方面，为高校思想政治工作的开展提供了宏观的规划图与微观的执行方案。

而在这些子体系中，日常教育体系更加强调走进青年大学生的生活，注重从学生的日常生活中汲取现实的思想政治教育内容，把符合他们生活和发展要求的内容随时随地纳入到教育工作之中，并使之渗透到大学生日常生活的全时空之中。日常教育体系既为其他子体系服务，也是对其他子体系的贯彻与执行，各个体系之间相辅相成。学科教学体系提出要办好思政课，充分发挥科研育人功能，"以及强化哲学社会科学育人作用和全面推进所有学科课程思政建设"。管理服务体系强调要提高管理服务水平，加强群团组织建设。学科教学体系、管理服务体系的运行需要通过日常思想政治教育的开展来了解青年大学生的情况、理解青年大学生的需要。理论武装体系是整个系统和全部体系的灵魂，突出强调要加强政治引领。日常思想政治教育要以先进的理论和正确的价值取向指导日常思想政治工作的开展。日常思想政治教育主要在课堂之外发挥作用，而其影响效用又绝不局限于课外。通过班级集体建设、学风建设、社会社团与校园文化建设、心理健康教育等以学生为主体参与实施的活动，以较强的生活性、直观性和实践性，贴近学生的学习与生活实际，使广大青年大学生能够在参与活动的过程中体会思想政治和道德的魅力，从而不断地自觉提升其自身的思想政治与道德素质。日常思想政治教育的开展和运行，可以为思想政治理论的学科教学提供丰富的经验和素材。总的来说，以上七个体系之间相辅相成，只有协同用力，才能共同促进高校思想政治工作的发展和完善。

思想政治教育从广义上来说是指具有思想政治教育本质属性的所有事物，包括思想教育、政治教育、道德教育、法治观教育、心理健康教育、创新创业教育、网络思想政治教育等诸多方面。日常教育作为高校思想政治教育的主阵地，旨在通过开展各类德育活动及校园文化建设等实践活动，让学生参与其中，以潜移默化的方式增强青年大学生的认识与感悟，让学生在日常生活与实践活动中不断提高自身的思想品德和政治素养。对青年大学生的教育是与他们所处的时代息息相关的。在特定的社会发展阶段，教育与经济、政治、文化的发展阶段有着密切的关系，特别是与特定社会发展阶段的目标密切相关。党的十九大描绘了中华民族伟大复兴的宏伟蓝图。而当前，我国已经实现了全面建成小康社会的第一个百年目标，正在向全面建成社会主义现代化强国的第二个百年奋斗目标迈进。青年大学生是这一征程路上的重要力量。"培养什么人、怎么培养人、为谁培养人"是高校思想政治教育必须首要回答的重大课题。民族复兴的宏伟目标，赋予了新时代高校思想政治教育新的时代责任和历史使命。正因为如此，《关于加快构建高校思想政治工作体系的意见》更加重视构建日常教育体系。其中提出，社会实践、志愿服务、实习实训等各类实践活动是青年大学生成长的沃土；文化育人是高校思想政治教育的重要途径。优秀的校园文化能够在潜移默化中塑造青年大学生的优秀品质和高尚人格，提高学生的思想政治素养。在所有的文化环境中，网络已经成为高校师生学习生活的"第一环境"和高校思想政治工作面临的"最大变量"。网络思想政治教育正在蓬勃发展，变革着日常思想政治教育的形式与手段。心理健康教育对在百年未有之大变局下的大学生来说具有更为重要的意义,青年大学生面对的客观世界更加复杂多变,其精神世界需要得到更多关注,从内在与外在世界呵护青年大学生的健康成长。总之,思想政治工作日常教育体系在总体思想政治工作体系中发挥基础性作用,是其他子体系的重要支撑和补充,对思想政治教育功能的系统性和持续性发挥具有重要的现实意义。

四、高校思想政治工作日常教育体系的功能

(一)促进青年大学生的全面发展

习近平总书记强调:"思想政治工作从根本上说是做人的工作。"[1]日常思想政治教育围绕的是广大的青年大学生。教育者在日常思想政治教育中所做的一切,主要是提高大学生思想政治素质,实现身心健康成长,本质上是为促进大学生的全面发展。

马克思主义认为,人的全面发展就是"作为一个总体的人,占有自己全面的本质"[2]。物质财富极大丰富、生产力高度发达的共产主义社会,能够为人的才能的充分发掘、个性的充分发挥、整体素质的全面优化,从而实现全面发展奠定基础。当前,我国仍然处于社会主义初级阶段,与此相对应的人的发展目标是实现德智体美劳全面发展。青年大学生来到大学校园,不只是学习知识,更是要通过课堂内外的学习与实践、通过各类活动锻炼自己各方面能力,实现自身德智体美劳全面发展,成长为中国特色社会主义现代化建设所需要的优秀人才。"改革开放以来,高校思想政治教育始终以促进大学

---

① 习近平.论党的宣传思想工作[M].北京:中央文献出版社,2020:276.
② 马克思恩格斯全集:第3卷[M].北京:人民出版社,2002:303.

生全面发展为目标……根据时代的发展和社会的进步，确定大学生全面发展的阶段性目标。"①

当前我国的高质量发展、可持续发展仍然面临诸多挑战，国家建设迫切需要更高质量的高等教育，迫切需要全面发展的高素质人才。习近平总书记在2016年召开的全国高校思想政治工作会议上提出："思想政治工作从根本上说是做人的工作，必须……让学生成为德才兼备、全面发展的人才。"②日常思想政治教育注重实践教育、心理健康教育、网络思想政治教育等方面，能够通过多种方式、多种途径的教育活动，在潜移默化中提升大学生的思想素质和其他综合素质。通过健全人格塑造，帮助青年大学生形成符合时代和社会要求的品格；通过思想观念的传递，引导青年大学生能按照法律法规、道德准则约束自己，适应社会发展的方向和要求，不断提高参与社会政治生活的质量和水平；通过各类实践活动的激励，调动大学生的积极性、主动性和创造性，积极主动地参与社会实践来改造世界；通过挖掘大学生的个性优势，调动他们的潜能和能动性，将个人目标与社会目标、个人发展与社会发展紧密结合起来，最终促进他们的全面发展。

（二）为思想政治理论教育提供实践呼应

理论与实践是教育的两大方面，相辅相成，互相补充。新时代思想政治教育工作要求，既要在课程学习上体现思想政治教育，也要在实践中实现思想政治教育。在大学生思想政治教育体系中，思想政治理论课是"主渠道"，日常思想政治教育工作是"主阵地"，学科思政是重要组成部分。日常思想政治教育体系的构建，能够为思想政治理论课教学和学科思政提供丰富的实

① 冯刚.改革开放以来高校思想政治教育发展史[M].北京:人民出版社,2018:22-23.
② 张烁.习近平在全国高校思想政治工作会议上强调 把思想政治工作贯穿教育教学全过程 开创我国高等教育事业发展新局面[N].人民日报,2016-12-09(1).

践基础。一方面,实践是理论的来源。在实践中出现的各种新问题和新需要,要求理论不断深化,成为理论创新发展的内在动力。日常思想政治教育的开展主要发生在课堂之外,侧重于在广泛的社会领域和网络空间,丰富和拓展大学生思想政治教育,在提高学生政治素质、养成学生良好品德方面具有思想政治理论课不可替代的独特作用。但日常思想政治教育工作又是以思想政治理论课为理论基础和导向的,能够在教育实践中运用和检验思想政治理论课及学科思政的教育成果,弥补了仅仅依靠理论教学的不足,也因此被称为"第二课堂",是对"第一课堂"理论教育的补充。另一方面,实践是检验真理的唯一标准。理论是否具有科学性、能否为实践提供科学指导,都需要在实践中加以检验。日常思想政治教育的开展,注重将思想政治教育融入青年大学生线下和线上的生活的各个维面,通过有意识地运用心理、传播、教育等多学科理论对其展开系统性的价值引导,帮助大学生在实践中对思想政治理论课和学科思政的教学进行检验和深层次体认,从而有助于整体提升思想政治教育的质量和效用。

（三）推动构建更高质量的高校思想政治工作体系

"党的思想政治工作是经济工作和其他一切工作的生命线。"[1]对高等院校来说,思想政治工作就是学校一切工作的生命线,是学校发展的重要保证。当前,由于国家间实力的升降变化等外部因素的巨大影响,国际和国内的局势发生了深刻的变革。全球视野中,国际社会正处于一种新的大发展、大变化、大调整之中,国家间、地区间的战略博弈日趋激烈,国际体系与国际秩序的深刻调整,国际社会的差异、矛盾和冲突不断升级。2020 年,全球范围内新冠肺炎疫情的暴发,使国际形势发生了深刻的调整,不稳定、不确定性

---

① 胡锦涛文选:第一卷[M].北京:人民出版社,2016:458.

增加,意识形态领域竞争也愈演愈烈、错综复杂。在国内,中国式现代化建设进入全面冲刺阶段,处于重大、全面、深入的发展关键期、改革攻坚期和矛盾突出期,经济结构、社会状况、价值观念等都面对机遇与挑战。当今中国,阶层、利益、价值、文化等多种因素交织在一起,构成了一个错综复杂的社会和意识形态生态系统。随着信息技术、新媒介技术的飞速发展,大学生的学习方式、交往方式、思想道德观念、心理发展等各个方面都受到了影响。在这种形势下,高校要顺利完成各项发展目标,必须加强日常思想政治教育、校园文化建设、网络教育、心理健康四个方面,使立德树人贯穿于全过程,在日常的生活和实践中,提高青年大学生的思想品德和政治素质。

第一章 实践固本:知行合一出实效

实践是马克思主义哲学首要的和基本的观点。包括日常思想政治教育在内的思想政治工作体系,根本目的是改造人和社会,实现人的自由全面发展与社会的全面进步。党和国家历来高度重视实践育人工作。坚持教育与生产劳动和社会实践相结合,是党的教育方针的重要内容。坚持理论学习、创新思维与社会实践相统一,坚持向实践学习、向人民群众学习,是青年大学生成长成才的必由之路。

第一节 实践育人的理论基础与现实意义

一、实践育人的理论基础

思想政治教育是一门以马克思主义理论为基础,综合性和实践性都比较强的社会科学。①马克思主义的实践教育观是实践育人的理论基础,马克思主义的实践教育理论是开展大学生社会实践教育活动的理论指南。只有真正理解了马克思主义的实践教育观,才会有实践育人的思想觉醒;只有真正掌握了马克思主义的实践教育理论,才能在思想上真正树立科学的社会实践教育意识。马克思主义实践教育观为我们开展实践教育活动提供了科学的理论依据,教育与生产劳动相结合原理指出了社会实践教育活动的基本途径与内容,马克思主义认识论从哲学高度阐述了社会实践教育活动的合理性与重要性。②

(一)唯物主义认识论

马克思指出社会生活本质上是实践的。实践是人类改造世界的活动,是马克思主义首要的基本观点。实践的历史与人类的历史一样悠久,有了人类,也就有了实践,同时也就出现了教育现象。马克思把科学的实践观引入认识论,认为人的认识是在实践的基础上主体对客体能动的反映,认识与实践是主客体相互作用的两个方面,离开实践的认识是不存在的。实践是人类存在和发展的根本方式,是认识的基础,是人类实践自我教育的基本途径之一,其本身就具有客观的教育效应。首先,实践提供了人们了解客观世界的基础和条件,使人们能够走进外部世界,获得真理和知识。其次,实践改变着社会关系,不断塑造人们的思想观念,形成对客观世界的认识。最后,实践是检验认识真假的工具,人们在实践之中对之前的认识进行验证,不断去伪存真,提高认识水平和思维能力。③认识的辩证过程是实践育人的认识论依据。经过多年课堂学习掌握的知识和理论,属于"间接经验"。相对于课堂教育,

---

① 中共中央文献研究室.十二大以来重要文献选编:下[M].北京:人民出版社,2011:1419.

②③ 邱伟光等.大学生社会实践教育新论[M].上海:同济大学出版社,1994:15.

在习得的过程中普遍缺乏实践体验,缺乏"生产的直接",其认识并非来源于实践的体验。大学生在实践的过程中能够提升思维能力、升级社会认知,将改造自身和改造世界统一起来,通过实践来检验其对社会认知正确与否,在教育与自我教育的辩证理论指引下,实现锤炼品行、塑心修德、提升认识的育人目标。①

(二)教育与劳动相结合的现代教育理论

古代教育是离开机器生产的象牙塔和经验主义教育模式,工业革命后,社会实际需要对学校教育提出越来越高的需求,学校要承担起造就现代工业从业者的使命。正如马克思在《资本论》中所提出的:"从工厂制度中萌发出了未来教育的幼芽。"②在他看来,教育与生产劳动相结合是提高生产力、改造生产关系与实现人的全面发展的有力手段,其实现是基于劳动者的劳动与教育相结合及受教育者的教育与生产劳动相结合。党的几代领导人将马克思主义教育思想中国化,结合中国的具体实际,不断丰富这一思想的内涵。

毛泽东早在20世纪30年代就提出教育和生产劳动联系起来,提倡学习要深入群众,进入工厂、进入农村,延安时期的抗大将劳动与教育相结合安排学员的教育课程。新中国成立初期,国家的教育方针就坚持教育与生产劳动相结合,发挥生产劳动对青年学生成长为社会主义建设者的培养作用。70年代后期,邓小平提出:"一般学校要给学生参加劳动的机会。劳动也是教学,是政治思想课。学生参加劳动,一是必须,二要适当,三看可能。"③1978年,邓小平在全国教育会议上提出:"为了培养社会主义建设需要的合格的人才,我们必须认真研究在新的条件下,如何更好地贯彻教育与生产劳动相

---

① 蔡昕.高校实践育人政策研究[D].河南科技大学,2019.

② 马克思恩格斯选集:第二卷[M].北京:人民出版社,1995:248.

③ 邓小平文选:第一卷[M].北京:人民出版社,1994:281.

结合的方针。"①教育事业的发展要与国民经济发展的要求相互适应,务必做到学以致用。

党的十八大以来,以习近平同志为核心的党中央对教育与生产劳动相结合的思想内涵进一步丰富,提出劳动与教育的结合增强学生的社会责任感,创新精神和实践能力是全面深化改革实现现代化的重要内涵,青年要成长为国家栋梁之材必须将读万卷书和行万里路相结合。随着党的教育实践理论的不断丰富,我国高等教育开展实践育人的理论基础也愈加成熟。

二、实践育人的现实意义

(一)贯彻党的教育方针的必然要求

教育与生产实践相结合是我国的教育方针。新中国成立初期,毛泽东就指出:"我们的教育方针,应该使受教育者在德育、智育、体育几方面都得到发展,成为有社会主义觉悟的有文化的劳动者。"②他根据当时的国情,提倡学校办工厂,工厂办学校,学生参加勤工俭学,在与实践、与工农相结合的过程中成长。社会主义建设新时期,党中央提出要切实贯彻教育与生产劳动相结合的方针。

党和国家相继出台《全国高等学校暂行工作条例》《中共中央宣传部、教育部关于高等学校学生参加生产劳动的若干规定》《中共中央关于改进和加强高等学校思想政治工作的决定》《国家教委、共青团中央关于广泛组织高等学校学生参加社会实践活动的意见》《国家教委关于加强和改进高等学校

---

① 毛泽东、邓小平、江泽民论教育[M].北京:中央文献出版社,2002:160.
② 中共中央文献研究室.建国以来重要文献选编:第十六册[M].北京:中国文献出版社,1997:244.

马克思主义理论教育的若干意见》等政策文件,对开展大学生的实践活动作出了顶层设计和指示。2004 年,《中共中央、国务院关于进一步加强和改进大学生思想政治教育的意见》首次提出"实践育人"概念,明确指出要建立大学生社会实践保障体系,探索实践育人的长效机制。2005 年,中宣部、中央文明办、教育部、共青团中央四部门联合印发《关于进一步加强和改进大学生社会实践的意见》,将理论教育和实践教育相结合明确为大学生思想政治教育的根本原则,并对大学生社会实践作出全面部署,提出了实践教学、军事训练、社会调查、生产劳动、社会服务、科技发明、勤工助学等类型的实践活动。2009 年,教育部在《关于深入推进学生志愿服务活动的意见》中,增加了创新创业新载体,并在次年专门发布了《推进学生志愿服务活动的意见》。2012 年,教育部等中央七部委联合颁发《关于进一步加强高校实践育人工作的若干意见》,把实践育人工作摆在人才培养的重要位置。同年,《全国大学学生思想政治教育工作测评体系(试行)》进入高校思想政治工作考核指标,在课堂外思想政治教育里,实践育人与社会主义核心价值体系宣传教育、校园文化建设、网络思想政治教育、心理健康教育、资助育人、就业创业教育和党团组织建设一起被列为二级指标。此外,将"实践育人工作纳入学校教学计划,落实规定的学时学分;建立相对稳定的实践育人基地;有学生参加社会实践活动的年度计划,定期组织开展社会实践活动;支持、组织学生开展志愿服务和公益活动,深入开展学雷锋活动;开展国防宣传教育,将军事训练纳入必修课;及时表彰宣传实践育人先进典型,定期召开实践育人经验交流会、座谈研讨会"列为实践育人的三级指标。

党的十八大以来,以习近平同志为核心的党中央把高校思想政治工作摆在突出位置,作出一系列重大决策部署加以推进。习近平总书记多次强调指出青年大学生参与社会实践的意义:"青年要成长为国家栋梁之材,既要读万卷书,又要行万里路。高校学生支教、送知识下乡、志愿行动等活动,都展现了学生的风貌和服务社会、报效祖国的情怀。许多学生正是在这样的社会实践和社会活动中树立了对人民的感情、对社会的责任、对国家的忠诚。"①2014年，《关于在各级各类学校推动培育和践行社会主义核心价值观长效机制建设的意见》中提出要"实现实践育人规范化管理、常态化服务、品牌化培育、项目化配置、信息化支撑、社会化运作"②；2017年，《关于加强和改进新形势下高校思想政治工作的意见》中提出，要从改革创新、强化实践育人效果出发，提高实践教学比重，加强实践教学基地建设，广泛开展社会公益活动；2020年，教育部等八部门发布《关于加快构建高校思想政治工作体系的意见》，要求深化实践教育，把思想政治教育融入社会实践、志愿服务、实习实训等活动中。

（二）实现立德树人根本任务的重要环节

2018年，习近平总书记在全国教育大会上指出，要把立德树人融入思想道德教育、文化知识教育、社会实践教育各环节。只有在实践中推进思想政治教育，才能将思政教育的实效性落到实处。当前，高等教育"要努力培养担当民族复兴大任的时代新人，培养德智体美劳全面发展的社会主义建设者和接班人"③。习近平总书记这一重要论断，站在党和国家事业发展全局的战略高度，进一步明确了对社会主义建设者和接班人的素质要求，为新时代教育事业改革发展指明了方向。从构建德智体美劳全面培养的教育体系来看，社会实践是贯穿人才培养始终的重要环节。全部社会生活在本质上都是实践的，没有实践，就没有感性世界的存在，就没有社会生活，也就没有人，人

---

①　中共中央文献研究室.习近平关于青少年和共青团工作论述摘编[M].北京：中央文献出版社,2017：65.

②　周良书.中国高校党的建设报告：2011—2015[M].北京：光明日报出版社,2016：232.

③　努力培养担当民族复兴大任的时代新人——学校思想政治理论课教师座谈会与会代表热议习近平总书记重要讲话[EB/OL].http://www.moe.gov.cn/jyb_xwfb/s5147/201903/t20190319_374021.html.

以实践的方式而存在。思想政治教育更不能仅仅停留在学科教育之中,只是通过思想政治教育理论课及其他学科课程实现思政教育,学生的认识远远不足,一定程度上隔断了学生与真实社会的联系。然而长期以来,我国高等教育客观存在"重理论、轻实践"的现象,人才培养不符合认识规律,也不适应社会发展的要求。教育是国之大计、党之大计。党的教育方针明确要求,坚持教育为社会主义现代化建设服务、为人民服务,坚持教育与生产劳动和社会实践相结合,青年大学生要坚定理想信念、实现全面发展,就要把自己的人生追求同国家发展进步、人民伟大实践紧密结合起来;许多学生正是在社会实践和社会活动中,树立了对人民的感情、对社会的责任、对国家的忠诚。

(三)满足新时代师生需求的必然路径

教育具有鲜明的时代性、历史性,教育的内容、特点和需求随着时代发展而变化。在人类社会的信息化水平高度发达之后,教育所依赖的技术条件随之变化,资源大大拓展,但同时传统的教育内容也在迅速革新,教育方式受到前所未有的挑战,教师和学生对于教育的需求也在不断变化。传统的学校教育以传授知识为主、"以课堂为中心、以书本为中心、以教师为中心"的教育模式已远远落后于时代的发展要求。教师的教育场景更广阔,学生的主动性也更强,在基础知识可以通过数字化无时限地学习获取之后,如何通过实践来检验,发现并解决新问题、形成新的认识和价值观成为师生共同的主体性需求。这就要求高校必须更新人才培养观念,树立系统培养观念,推进教学科研与实践的紧密结合,增强学校与行业的紧密结合,重视实践在当前育人工作中的重要地位,形成全社会共同支持实践育人工作的整体氛围;革新人才培养模式,注重知行统一,通过对实践育人的系统性、科学性来超越学校课堂和书本的局限,让实践成为重要的教育手段。教师要以国家、社会的需求来推动研究开展,走向广阔的社会环境中开展现实教学,支持学生到现实空间体验真实问题,让学生的知识能力、态度情感与价值观在实践中得到锻造和升华。

第二节 "行走课堂"的特征、本质与核心要素

《关于加快构建高校思想政治工作体系的意见》指出,要把思想政治教育融入社会实践、志愿服务、实习实训等活动中,创办形式多样的"行走课堂"。"行走课堂"是区别于教室这一传统课堂内的一种课堂形式,是指根据学生自身发展和社会需求,按照课程教学内容和目标,在教师有目的、有计划、有组织的指导下,带领学生走出课堂,深入社会,把学生带到真实的情境当中去,让学生发现问题、提出问题、解决问题,让学生通过亲身感受社会大"课堂"赋予的体验与知识,获得直接经验。"行走课堂"是把思想政治教育融入实践的典型模式,是对实践育人机制和工作模式的探索并深化的成果,它实现了思想政治课由教室课堂到社会课堂的跨越,突破了校园、课堂、书本的局限,将思想政治课教学的理论传授、学生内化和社会体验有机整合起来,提升了思想政治实践课的实效性和影响力。[1]

一、"行走课堂"的特征

"行走"是"行走课堂"的最大特征,是其区别于传统课堂、一般课堂的亮点和特色,具有空间、形式、内容等多重意蕴。

首先,"行走课堂"意味着时间与空间上的不确定性。传统的课堂一般在

---

[1] 刘玉霞.高校思政课实践育人的理论逻辑与提升路径[J].中共郑州市委党校学报,2021(01):102-105.

固定的场所及一定的教学设施辅助教师来组织教学实施。而在"行走课堂"上，无论是社会实践、志愿服务还是实习实训，它所发生的场域都突破了一时一地。学生和老师不再必须在同一时空下开展教学活动，而是既可以同时亦可以异时、可以同地也可以异地。课堂的地点、时长都呈现出教育主客体可以自行控制的伸缩状态。以社会实践为例，这种课程往往需要严格确定的是一个主题、一个时段，而学生如何在这个实践课堂中的具体地点却是多样的，时长是灵活的。如近年来，为了深层次引导大学生将个人价值融入祖国需要作为行动选择，持续开展的"小我融入大我，青春献给祖国"主题社会实践活动，课堂既可以发生在西部地区、基层一线，也可以发生在东部沿海、科技前沿阵地等。

其次，"行走课堂"意味着资源上的拓展。课堂教学资源是支持课堂教学开展的各种条件，包括课堂教学过程中所占用、使用和消耗掉的所有人力、物力和财力。在传统的课堂上，由于时空的限制，可使用的资源相对有限。而在"行走课堂"中，课堂可以使用的资源突破了校园实体和网络虚拟的界限，各行各业、各地各处，都可以成为课堂教学资源。以社会实践为例，在"行走课堂"中，学生可能遇到形形色色的人，他们之中有行业精英，也有普通民众，既有正面典型，也有负面案例，这些都成为"行走课堂"中的教学资源。近年来，在各地以爱国主义为主题的社会实践活动中，建设了一批爱国主义教育实践基地，这些基地中既有历史文化遗址，也有现代奋斗精神的诞生地，这些都是"行走课堂"中的鲜活资源。

最后，"行走课堂"意味着内容上的多元。实践育人的主要形式有社会实践、志愿服务、实习实训，它们共同的特点在于主题的确定性和内容的多元性。一般来讲，根据实践育人的理论路径，"行走课堂"在策划中，主题的确定取决于教育的根本目标和直接目标，如爱国主义教育、专业实习、宣讲服务等，这些主题和大学生具有时空、距离、情感上的亲近性，课程内容与大学生的学习和生活有相对紧密的联系,能够让学生在实践中获得知识、技能与思想的多重满足。而具体到课程的内容上,呈现为横向宽广、纵向深远的结构。以高校寒暑假大学生实践调研为例,青年大学生一般回到家乡开展实践活动,在同一个大主题的统摄下,实践、调研足迹可以遍布数十个省份:具体方式可以包括寻访当地资料室、纪念馆,调研当地的地方史、挖掘人物事迹,采访当地政府、社区、企业,等等;具体形式则可以通过撰写调研报告、制作短视频等,展示调研成果和学习体会等。

二、"行走课堂"的本质

课堂和课程是学校教育密不可分的两个有机组成部分,其中,课程是课堂的理念与内容,课堂是课程的平台与实施。"行走课堂"的特色与亮点是"行走",其实质是课堂。课堂可以从设计和组织两方面来看。"行走课堂"强调学习者要带着明确的研究任务自主学习与合作学习,把学生带到"现场",让大学生在学习过程中发现、思考、推理、假设,在所处的场景中进行交流、讨论。

首先,从课堂的设计来看,要制订科学的"行走课堂"教学计划,同时选择实际、有效的"行走课堂"教学基地。按照打造"金课"的标准来衡量,做好"行走课堂"的教学设计是最基本的前提。在主题和内容的选取上,应尽可能选择时空、距离、方法等各种维度上跨度都比较小的题材,这样有助于拉近学生与现实、与生活的距离,让学生能融入当地的项目活动中去。课程应与生活和现实进行更为紧密的连接,从个体出发,为教育而行。在课堂行走中应尽量多用身边人说家乡事、家乡人,这是一种天然的血脉相通情感,能够在解说历史与分析现实之间较快地架起沟通桥梁。如果主题只注重宏大而不能与大学生的具体思想认识、生活学习等相结合,忽略了以小见大、见微知著的育人过程要求，抑或是选择虽角度小但与学生联系度不够紧密的主题，学生在参与"行走课堂"教学中提不起兴趣，就必然大大降低课堂的活跃度与育人实效。"行走课堂"教学基地的选择，也应与教学内容相一致，这样，现场教学才会大大提高课堂的教学实效。同时，这也要求高校应与各个层面的相关机构建立稳定的合作关系，为学校的实践育人提供广泛的合作平台。

其次，从课堂的组织来看，组织和实施"行走课堂"的整个教学过程要严格按照教学计划，从"导入、讲课、参观、讨论、总结、课后作业"六个基本步骤开展"行走课堂"的教学活动。无论是社会实践、志愿服务还是实习实训，都不能将有计划的教学沦为无组织的自发性活动。教师应该在导入环节，讲清楚"行走课堂"要完成的教学任务和教学目的，向学生介绍教学基地、教学环境等资源的情况，讲解研究方法和手段，进行必要的案例分析和讲解，以及实践的法律、伦理要求等。"讲课""参观""讨论"是教学的中心环节，在教师完成导入环节后，学生应带着所提出的问题进行现场参观、研究和讨论，通过理论知识的现实验证，不断厘清对问题的认识并寻找到解决问题的方法，同时在这个过程中实现认识的迭代和思想的变化。"总结"和"课后作业"环节，则是教师在大学生完成一段时间的学习之后，带领学生对整个教学过程进行回溯、提炼和总结，这一过程在"行走课堂"教学中起到必不可少的深入和升华作用。

三、"行走课堂"中的师生

教学过程需要坚持教师主导性原则和学生主体性原则相结合，"行走课堂"作为课堂的一种特殊形式，也需要遵守基本的教学规律。实践育人、改革创新的落脚点是实现和引导师生在亲身参与中增强实践能力、树立家国情怀。在整个"行走课堂"教学的过程中，教师必须主导整个过程不偏离方向和轨道,尤其是课程目标的确定和课堂的总结环节。[①]学生要具备"行走"的意识和能力,形成课堂实践的主动性和问题意识,带着问题深入实践,带着答案回课堂,在实践行走中观察、体验、思考、成长,实现大学生从知识、能力到思维、价值的主动性成长。

首先,教师要充分认识到实践育人的价值,既重视传统课堂的作用,也重视发挥"行走课堂"知行合一的育人功能,在思想政治教育工作和课程思想政治中坚持实践育人的教育理念,把立德树人的理念贯穿理论教学和实践教学全过程,切实履行"传道"职责,在思想引领和价值塑造中实现"授业""解惑",在实践课中实现价值塑造与知识传授、能力培养一体化。高校要在"大思政""行走课堂"教师队伍建设中加强顶层谋划,通过多个部门的联动,提升教师们对于实践育人工作的重视,同时打造包括思想政治教育工作教师、党政领导干部、思想政治理论课教师学者等在内的"大思政""行走课堂"教师库。同时,要将各种类型的"行走课堂"的理念、内容和成绩纳入教师培训和考核,从内涵建设和外部动力上促使更多的教师更为自觉地投入到"行走课堂"之中,并有意识地将"行走课堂"与思想政治教育紧密融合。要打破一院一校的封闭空间,建立校际合作、校地合作,打造"大思政"朋友圈,吸引更多的优秀师资加入高校的实践课堂,如邀请地方主要领导、企业、行业标兵进高校等。

其次,要培养学生在"行走课堂"的主体性意识。在现代教育理论中,教师和学生都是课堂的主体。而"行走课堂"教学范式更是彻底打破了"我讲你听"、仅局限于课堂书本的固有模式,强调理论与实践相结合、教师主导和学生主体相联动。[②]在"行走课堂"中,学生的主体性更加突出,通过学校和教师

---

① 徐以标."行走课堂"在高校思想政治理论课中的实践研究[J].吉林省教育学院学报,2021,37(03):46-49.

② 华正学.基于认知体验的高校思政课"行走课堂"教学范式探究[J].学校党建与思想教育,2019(02):47-49.

有意识地引导，学生要认识到自己的主体性意识，发挥好自己的主体性作用，积极主动地进入社会基层、行业领域，通过"行走课堂"深入社会，把所学的理论知识转化为直接的认识和体会，并通过思考验证所学理论，缩小思想政治课理论与现实的差距。从这个方面来说，"行走课堂"大大拓宽了思想政治课教学的空间，让同学们在课堂之外亲身体验，陶冶情操，使得思想政治课的教学目标不自觉地渗透到同学们当中，可以起到"润物细无声"的教学效果。①同时，还要不断提升学生广泛参与的能力。学生"行走"的前提和落脚点是对正确价值观的坚守并深化对专业知识的理解与应用。实践教育只有同思想政治工作、与专业学习相结合，才会充满活力和创造力。正确的意识形态引领和专业知识是学生参与实践教育的理论指导和理论前提，大学生的"行走"和实践要在专业知识的指导下进行，同时又能丰富和发展专业知识，促进专业知识的更新，赋予其新的内容。学校应有意识地通过各类课堂、活动、项目和组织，提升学生的专业知识水平、逻辑思维水平和调研方法水平等综合素质与能力，教师应有意识地引导学生参与到各类"行走课堂"教学活动的设计、组织和开展过程当中来。

第三节 "行走课堂"的形式与资源

党的十八大以来，在党和国家推进实践育人向高质量发展的形势下，社会实践的形式在不断拓展，支持资源日益丰富，已经营建起志愿服务、社会调查、勤工助学等主要形式及包括城市社区、农村乡镇、高新技术开发区、大学科技园等在内的资源体系。

---

① 王素斐."行走课堂"在高校思想政治理论课中的探索[J].湖北开放职业学院学报,2019,32(23):111-113.

一、"行走课堂"的主要形式

（一）志愿服务

志愿服务，是指由志愿者参与的社会性公益服务，是一种非政府系统的组织行为和服务行为，是民间系统服务于社会的群体行为或个人行为。具体而言，民间组织或个人利用自己的知识、技能、体能或财富，通过各种服务性的行动去实现和体现对社会实践的服务与奉献，或实施和完成对有困难的社会群体及个人的服务与保障；在志愿服务的过程中，志愿者以自己的行动接受社会的评价与检验，并获得对自我价值的认同与升华。[①]志愿服务是大学生参与社会实践的重要形式之一，是志愿者的时间和精力在不为任何物质报酬的情况下，为改善社会、促进社会进步而提供的服务。我国志愿服务起步较晚，整体水平有待提高，各项机制还在发展完善之中。但是党和国家持续推动志愿服务事业的发展，党的十八大报告提出"要大力发展志愿服务"，党的十八届五中全会提出"广泛动员社会力量开展志愿服务活动"，党的十九大报告提出要使志愿服务制度化。习近平总书记多次给高校青年志愿服务团队回信，勉励青年志愿者们弘扬志愿服务精神，坚持与祖国同行、为人民奉献，以青春梦想、用实际行动为实现中国梦做贡献。

高校在动员青年大学生投身志愿服务工作方面具有天然的组织优势和人才优势，青年大学生是中国特色志愿服务事业的重要主力军。由共青团组织发起的青年志愿服务具有鲜明的党团属性，这是高校开展志愿服务工作的根本遵循。共青团组织有着完整的、规则清晰的组织体系，高校内部有着

---

① 庄严.大学生实践教育指南[M].哈尔滨:黑龙江大学出版社,2010:59.

相对完善的校内志愿服务体系,校团委、学生会、志愿服务社团等组织体系和工作机制健全。共青团中央主管的中国青年志愿者协会是青年志愿者活动的重要载体和组织平台。高校共青团是党联系青年、凝聚青年和服务青年的桥梁与纽带,以共青团为枢纽,高校党团和学生自治组织在开展青年志愿服务工作方面具有强大的组织、动员和整合能力。党的领导和共青团的引领,是新时代高校青年志愿服务事业发展、健全志愿服务体系的前提、支持和保障。通过志愿服务项目设计引导大学生加强对世情、国情、社情、民情的了解,在志愿服务中坚定理想信念,聚焦国家重大战略,落地落实落小项目参与,实现并增强志愿服务对青年大学生的政治引领力,增强其为实现"两个一百年"奋斗目标、建设社会主义现代化国家的责任和能力。

随着志愿精神的广泛传播及志愿机制的不断建设,以及社会生活的多元化发展,青年大学生志愿服务的内容也愈加多元,主要包括环境保护、社区服务、大型赛事活动、社会援助、应急等类型。环境保护类,如开展的回收废旧书籍和废旧电池、校园绿化等活动;社区服务类,如深入孤儿院、社区、敬老院、康复中心等开展活动;大型活动类,如夏季和冬季奥运会、世博会、进博会、世界互联网大会等在各大城市举办的大型赛事和活动;社会援助类,如边远地区支教团、三下乡、大学生村干部等;应急类,如自然灾害、疫情防控等。这些都属于比较传统的志愿服务内容,进一步创新志愿服务的形式和内容、强化志愿服务成果是推动高校志愿服务可持续发展的关键。

目前,高校组织大学生志愿服务,首先注重与学生的专业知识紧密结合,努力构建"学习—实践—学习"机制。志愿服务与具体的社会历史发展状况紧密相关,高校组织志愿服务要顺应时代发展需求,结合大数据、智慧化等技术基础,结合大学生不同背景的专业知识,实现志愿服务与教育的统一。专业知识的方向性既是大学生志愿者的优势,也是促进大学生志愿服务育人目标实现的需求。结合大学生专业背景,如在法律、医疗、文化等领域开展援助、科普和服务工作，能够更加充分发挥大学生志愿者群体的资源优势，确定多元化的志愿服务内容。本着"专业+志愿服务"理念，结合大学生特色，打造与专业密切相连的志愿服务项目，既让大学生在志愿服务中感受到积极的人生体验，又提升专业技能水平，为日后职业发展和人生选择打下基础。同时，在思政工作体系的框架中，高校开展"大思政"的意识更强，高校注重通过开展志愿服务活动与学科思想政治工作相互促进，为思想政治实践课的开展提供新的形式。

志愿服务已成为大学生最为生动的"思政课"，青年大学生通过参与志愿服务，在奉献爱心、关怀他人、服务社会的同时，加深对国情民情、制度运行、民主法治、社会治理等方面的学习和了解，并通过亲身实践形成对中国特色社会主义的认知和思考，增强青年大学生的政治敏锐性和政治鉴别力，在实践中生动感知习近平新时代中国特色社会主义思想的丰富内涵，坚定理想信念和对中国特色社会主义的"四个自信"。①

目前，在大学生志愿服务的全国项目中，共青团中央大学生志愿服务西部计划影响力较大，它是团中央联合教育部、财政部、人社部等部门落实党中央、国务院重大战略决策部署的重要举措，每年招收一定数量的高校毕业生，到西部基层从事志愿服务工作。该项目从2003年启动，至今已经持续近20个年头。以2022—2023年度大学生志愿服务西部计划项目为例，服务期为1~3年，服务协议一年一签，岗位类别包括实施乡村教育、服务乡村建设、健康乡村、基层青年工作、乡村社会治理、服务新疆、服务西藏7个专项。大学生通过到祖国最需要的地区工作，了解到了基层的实际，将自己的成长与国家、地区的发展进步相联系，提高了能力，也升华了思想。各地也有基于本地区经济社会文化生活的特色志愿服务项目，为大学生增加实践锻炼提供

---

① 李华龙，侯海坤，杨钰泉.高校青年志愿服务视角下大学生思政教育路径创新[J].西安电子科技大学学报(社会科学版)，2020，30(04)：98-102.

平台。以上海市为例,每年中国国际进口博览会都会从高校招募大学生志愿者,在选拔上,坚持从严从高、优中选优的招募标准,有服务经历者、党员、入党积极分子等将优先录取。2021年第四届进博会,从上海40所相关高校招募4800余名"小叶子"大学生志愿者,将做好大学生志愿者的宣传和思想政治教育与提出工作要求相结合,要求大学生志愿者提高思想站位,从服务国家战略的高度出发,以优质的志愿服务保障为加快构建新发展格局、推进新时代高水平对外开放贡献青春力量。

(二)社会调查

调查研究是中国共产党的优良作风。"调查研究是谋事之基、成事之道。"①习近平总书记强调:"'纸上得来终觉浅,绝知此事要躬行。'所有知识要转化为能力,都必须躬身实践。要坚持知行合一,注重在实践中学真知、悟真谛,加强磨炼、增长本领。"②大学生通过社会实践不仅要认识客观世界,而且要反作用于主观世界,在实践中成长、成才。社会调查是"行走课堂"中的重要内容,是大学生了解社会、认识国情的有效途径,对培养学生学习兴趣、创新精神、协作能力、竞争意识等有重要的作用,是锻炼大学生独立研究意识和创新思维的必要条件,同时也是人才培养质量评价的 个指标。大学生主题社会调查,是指大学生在学校的组织和教师的指导下,聚焦于某一主题,以明确的问题意识、拟定的研究方法、一定的调查团队人员,到各地区、各领域开展经济、政治、社会、文化、生态等各方面具体问题的社会实践活动,包括走访调查、数据统计与分析、归纳评估等环节。

大学生社会调查既有全国性的、地方性的,也有各高校独立或联合举办的,还有结合具体课程开展的。全国性的大学生社会调查主要有两类:一是

---

① 中共中央文献研究室.习近平关于全面深化改革论述摘编[M].北京:中央文献出版社,2014:37.

② 习近平.在知识分子、劳动模范、青年代表座谈会上的讲话[J].中国工运,2016(05):4-7.

不限主题，一是在学科下做多个主题。前者如上海财经大学的"千村调查"项目，自 2008 年启动已经连续实施十多年，先后有两万多人次大学生到全国各地的千村万户开展各个主题调查，调查内容既有财经领域的，也有政治领域、文化领域的。后者如教育部高等教育司主办、教育部高等学校能源动力学科教学指导委员会承办的全国大学生节能减排社会实践与科技竞赛，该竞赛是围绕"双碳"战略目标等国家重大需求，体现"节能减排，主动作为；实践创新，交融育人"的精髓，以及"点亮生命，绽放生命"的价值追求。

大学生社会调查一般紧密结合时代热点问题，通过资料获取、数据分析等实现大学生对外部世界认识的深化。以"国地杯"全国大学生土地国情调查大赛为例，这是教育部高校公共管理类学科专业教学指导委员会主办的，面向全国高等院校土地学科或相关学科专业的在校本科生的主题调查，每年度设置不同的主题。2022 年第四届大赛以"国土空间治理与乡村振兴"为主题，旨在鼓励土地学科或相关学科专业在校大学生，在生态文明建设和乡村振兴的背景下，深入了解我国国土空间治理与乡村振兴的重大意义，运用相关理论、知识和方法，对推进国土空间治理和促进乡村振兴等的实践成效进行调研与分析研究，在此基础上形成调查研究成果并进行展示和阐释，以促进土地和自然资源管理等理论与实践的创新发展。

做好大学生社会调研，应该注重从三个方面入手。首先，要在高校内进一步营造重视社会调查的氛围。社会调查是认识社会现象的基本方法，一切科学的认识、正确价值观形成的基础都源于实践。社会调查既是青年大学生在校学习、更新价值观的基础条件，也是未来进入社会开展工作、寻找解决问题的办法，是制定政策的依据和基本技能。因此，要在大学时期就培养起重视社会调查的观念。其次，推动高校构建包括课程、调研项目、调研竞赛等在内的一体化社会实践体系。高校应该结合各个学科的学科属性设置调查研究课程，鼓励教师将理论讲授与实地调查研究、教学环节与实践环节结合起来,注重探索提高大学生参与主题社会调查实践的积极性路径,鼓励大学生积极参与寒暑假暑期社会调查。同时,在高校内部协调各部门健全大学生主体社会调查实践的组织体系、教学体系、服务体系、保障体系和考核评估体系等,进而完善工作机制。最后,要提高教师和学生参与社会调查的能力。要通过课程学习、交流沙龙等培养大学生"良好的调查研究习惯与素养",可以考虑通过编写《主题社会调查工作手册》等指导性材料规范大学生社会调查活动。结合教师的科研项目和研究专长为大学生开展主题社会调查实践配备专门的指导教师,师生共同确定研究的问题、明确调查方案、严格调研管理,使大学生有目的地参与调查,有收获地完成调查。

(三)勤工助学

勤工助学,是指学生在学校的组织下利用课余时间,通过劳动取得合法报酬,用于改善学习和生活条件的实践活动。[1]勤工助学是高校学生资助工作的重要组成部分,是提高大学生综合素质和资助家庭经济困难学生的有效途径,是实现三全育人的有效平台。勤工助学应坚持"立足校园、服务社会"的宗旨,按照学有余力、自愿申请、信息公开、扶困优先、竞争上岗、遵纪守法的原则,由学校在不影响正常教学秩序和学生正常学习的前提下有组织地开展。勤工助学是帮助家庭经济困难的大学生通过自己的劳动获得经济报酬的一种方法,使其在经济条件上保障自己学习的经济需要、改善学习和生活的条件,但随着社会经济结构的发展及学生社会实践的主体性需求,参与勤工助学的大学生早已不只是来自经济困难家庭,基于各种需求的勤工助学活动已经成为大学生施展才华、锻炼能力的理想场所,也是加强和改进大学生思想政治教育的重要举措。以华东师范大学为例,每年有超过91%

---

[1] 教育部,财政部.教育部、财政部关于印发《高等学校勤工助学管理办法(2018年修订)》的通知[EB/OL].http://www.moe.gov.cn/srcsite/A05/s7505/201809/t20180903_347076.html.

的本科生、50%的研究生参加学校组织的勤工助学活动，学生每年到校外参加勤工助学和各类社会实践活动的超过 50 万人次。

2007 年，为规范管理高等学校学生勤工助学工作，促进勤工助学活动健康、有序开展，保障学生的合法权益，教育部、财政部联合颁布了《高等学校学生勤工助学管理办法》。在《办法》中，勤工助学是学校学生资助工作的重要组成部分，是提高学生综合素质和资助家庭经济困难学生的有效途径，学生的勤工助学活动应该在学校的组织下，利用课余时间，通过劳动取得合法报酬，用于改善学习和生活条件。该文件成为一段时期内高校组织勤工助学工作的指导性政策。勤工助学既能培养家庭经济困难学生自立自强、创新创业精神，也能增强学生社会实践能力；它将扶困与扶智、扶困与扶志结合起来，发挥资助育人功效，实现无偿资助与有偿资助的有机融合，形成"解困—育人—成才—回馈"的良性循环。党的十九大报告强调"健全学生资助制度"，作为高等学校学生资助政策体系的重要组成部分，勤工助学制度也在不断优化。2018 年，在原《办法》的基础上，教育部、财政部以习近平新时代中国特色社会主义思想为指导，深入贯彻落实党的十九大精神，突出立德树人根本任务，适应经济社会发展、勤工助学特点、学生个体发展三方面的需要，为了更充分体现促进创新创业、规范管理、提高报酬等新要求，修改、补充和完善了制度规定，联合印发了《高等学校勤工助学管理办法（2018 年修订）》。修订后的《办法》深入落实习近平总书记在全国高校思想政治工作会议上的讲话精神，坚持立德树人，全面推进资助育人，以勤工助学活动为实践载体，加强对大学生，特别是家庭经济困难学生的思想教育，培养大学生热爱劳动、自强不息、创新创业的奋斗精神，增强大学生综合素质。2021 年，为规范高校在华国际学生勤工助学管理，进一步做好来华留学提质增效工作，教育部、公安部、人力资源和社会保障部、国家移民管理局联合制定了《高等学校国际学生勤工助学管理办法》，对除学校按照教学计划组织国际学生参加教学实习和社会实践之外的,在学校的组织和管理下,国际学生利用课余时间,通过劳动取得合法报酬,用于改善学习和生活条件的实践活动作出了安全、报酬等方面的规定,强调高校应切实履行国际学生勤工助学管理的主体责任,加强日常教育、检查和跟踪管理,规范国际学生校内校外勤工助学活动。

各高校在按照国家的文件精神规范勤工助学的同时,也根据自身的办学经验,挖掘勤工助学对于提高大学生思想观念和知识技能等各方面的教育功能,积极提升勤工助学育人实效。以西南交通大学为例,通过"团队熏陶"与"榜样激励"相结合,推动勤工助学文化建设,构建基于团队的"教师影响-学生互助"文化建设体系,展现青年大学生自强不息、艰苦奋斗、心怀感恩、乐观向上的精神风貌,拓宽了教师与学生的空间与时间,推动勤工助学"育人效益"的转化和升级,强化行为引导。注重发挥典型示范效应,评选"勤工助学之星",挖掘个体呈现的精神品质和品牌的文化内涵,使整个勤工助学过程上升为学生的行为课堂,成为一种教育和自我教育的过程。通过扩展勤工助学的内容平台,探索勤工助学工作新渠道,在勤工助学中融入"爱国、爱校、自强、诚信、感恩"教育主题,并将勤工助学岗位向助教、助研、助管等高附加值岗位倾斜,推动勤工助学由劳务型到服务型,再到智力开发型的转化升级,使学生能广泛参与学校教学、科研和事务管理,实现自我完善和自我提高。通过加快完善培训上岗机制提升勤工助学学生的综合素质,为新参加勤工助学的学生举办包括办公室礼仪、办公自动化操作、公文写作、法律维权在内的素质能力培训,使学生熟练掌握各项专业技能和操作规范,扩大知识面,掌握能有效开展工作的技能。同时,将勤工助学与毕业后就业相联系,同就业市场提前对接,面向全体学生举办勤工助学岗位"双选"会,通过组织学生与用人单位的面对面交流,培养锻炼学生人际交往能力、沟通表达能力和面试技巧,实现了勤工助学与就业教育、素质教育、心理健康教育的有机结合,凸显勤工助学的素质提升功能。

二、编制"资源图谱"

实践育人是一项庞大的系统工程,涉及范围较广,需要政府、地方、高校、社会及企事业单位等不同育人主体之间各司其职、各尽其责、相互配合、形成合力,通过构建协同育人机制实现社会资源优化配置,推动形成全员、全方位、全过程的实践育人模式。2017 年,《关于加强和改进新形势下高校思想政治工作的意见》提出,为了强化实践育人效果,应该加强实践教学基地建设;同年颁布的《高校思想政治工作质量提升工程实施纲要》则进一步明确要整合各类实践资源,强化项目管理,丰富实践内容,创新实践形式,拓展实践平台;2020 年,《关于加快构建高校思想政治工作体系的意见》指出,要推动构建政府、社会、学校协同联动的"实践育人共同体",挖掘和编制"资源图谱"。

(一)高校是实践育人的首要资源

高校是党和国家开展实践育人的主要阵地,高校在实践育人"资源图谱"中承担着主体责任和第一责任,是大学生实践育人的首要资源。

高校作为学校教育的最后序列,作为学生正式踏入社会、实现其个体独立发展的直接过渡环节,对学生能否顺利实现社会化、成长成才起着至关重要的作用,因而实践培养环节在高校教育中显得尤为重要。在校大学生大都已进入成年阶段,身心素质已基本成熟,认知思维、个性特质及价值观等主要素质已逐渐凸显,实践育人正是基于主体需求而设定的自我发展、自我教育活动,因而广泛地开展实践教育特别必要。高校的实践育人工作不应只是定位于课堂理论教育的补充,而应是与理论教育相并行的另一教育手段。高校需要组织内部各种类型资源,协调家庭、社会、政府及企业等各方面关系来构建一个立体、全方位、全过程的教育系统,发挥各方面的隐性教育作用来构筑持之有效的实践育人环境。

从高校的角度来说,实践育人是高校根据学生主体需要和一定社会的要求,通过各种形式促进大学生自我探索、自我提升的一手知识体验活动,以此完善大学生的思想品格、提高大学生爱国主义精神和社会责任感并促进其综合素质发展,进而顺利实现立德树人目标的实践教育形式。[①]高校具备"智库"的属性,走在学术前沿,对实践育人、实践活动及实践课程普遍具有较为深入的研究,同时拥有大批具有各方面知识类别、教学经历丰富的专业教师,因此具备组建实践育人教师资源中心、打造实践育人教师专业队伍的条件。高校首先可以通过实施实践活动及课程的整体设计与规划,构建体系完整、逻辑清晰的实践育人体系,通过教学条线、学工条线、科研条线等多条线的协同工作,达到整体育人的目标。其次,高校可以对一线教师进行实践育人理念、技能,以及具体实施的课程、活动等方面的培训,引领广大教师深入理解"三全育人"下实践育人的概念和内涵,明确所要达到的课程目标,在深化教师对实践育人的理解后,提高教师对于实践育人的设计、执行和指导能力,打造一支具有现代教育观念、较高教育理论素养与实践能力的、符合实践育人要求的优秀教师队伍,有效开展对实践育人课程与活动的指导,确保育人理念有效实施。

(二)社会是实践育人的核心资源

"社会是个大课堂。青年要成长为国家栋梁之材,既要读万卷书,又要行万里路。社会实践、社会活动以及校内各类学生社团活动是学生的第二课堂,对拓展学生眼界和能力、充实学生社会体验和丰富学生生活十分有益。

---

① 吴大惠.高校思想政治教育实践育人路径研究[D].重庆理工大学,2021.

高校学生支教、送知识下乡、志愿者行动等活动,都展现了学生的风貌和服务社会、报效国家的情怀。许多学生正是在这样的社会实践和社会活动中树立了对人民的感情、对社会的责任、对国家的忠诚。"①实践育人正是在社会大课堂中,依托各种具体或模拟的场景,以问题为中心、以特定的教育目的促使大学生激起问题意识并通过具体的研究性体验,实现认知能力上的提升,以及正确价值观和积极情感的塑造。

实践育人客观上需要多场景的资源供给,需要创建一个跨学科、跨校园、跨地域的育人载体体系。在师资上,既要依靠校内各专业领域的师资,也要依靠社会各行业领域的优秀人才;在课程上,既有学校教室里的理论课程、校内的第二课堂,也有校园外的社会实践、勤工助学、专业实习等"行走课堂";在载体上,既有规范教材,也有校内外的科研和实践项目、实践活动等。大学生进入社会,进入到社区、农村、企业、生产一线,在具体的社会生活场景之中发现问题、处理问题,从而更清晰地认识现实世界与理论系统的联系与区别,更深刻地理解如何认识外部世界及如何应用知识储备处理外部世界的问题。

因此,为了保证实践资源的多样性和充足性,首先,高校应与人才培养的相关类型组织保持长期稳定的联系,基于育人规则和需求,建立合作共赢的协同关系,建立多种实习实践基地,为大学生争取实践资源。以上海实施的"三区联动"项目为例,即要求高校开门办教育,社会各领域支持,将大学校区、科技园区、公共社区三区融合,营造"城市中的大学、大学中的城市"的环境氛围。在"三区"中,高校是龙头,园区是桥梁,社区是基础,将市场化、社会化的手段和政府的规划与推动有机结合,整合资源,形成区域功能的最大化。同时,高校应创造各种条件组织大学生积极参加"三支一扶"、志愿服

---

① 中共中央文献研究室编.习近平关于青少年和共青团工作论述摘编[M].北京:中央文献出版社,2017:55-56.

务西部计划、青年红色筑梦之旅、三下乡、义务教育阶段特岗计划等基层实习活动,鼓励大学生利用业余时间到基层开展社会调研、服务基层百姓等实践锻炼,了解社会现实和民生所需,向劳动群众学习智慧,树立正确的人民观。

其次,确保高校实践课程在培养方案中的开课比例,提高实践课的开课质量,鼓励学生在开展实践教育的过程中,更深入地认识到国家和民族发展的阶段和任务,了解自己的成长目标和路径,从而更好地找准自身努力的方向,明晰自身仍要继续加强的能力素养,同时在联系群众的过程中加快所在地区的发展。①仍以上海实施的"三区联动"为例,某大学法政学院利用和发挥该院专业群的传统优势,创建了法律援助中心、社会工作中心、青少年服务中心等社会实践基地,以大学文化为中心,通过中心开展针对性强、科研价值高、社会效应大的特色实践活动,加强了大学校区、科技园区、公共社区之间的相互影响,为大学生提供更多社会实践的机会。以法律援助中心工作开展为例,由志愿者定期在学校和社区附近的三个咨询点提供现场法律咨询,对法律方面的疑难问题进行现场解答。法律援助热线是以学院社会实践办公室为依托,通过电话热线和电子邮箱,进行日常的咨询服务。②学生得到了实践的机会,学校达到了实践育人的目的,社区和群众收获了实用的服务,形成共赢局面和良性循环。

最后,在实践育人与社会的互动过程中,企业也越来越多地参与其中,成为推动实践育人发展的重要社会资源类型。企业与实践育人之间是一种"双赢"的关系,一方面,企业可以为实践活动提供强有力的资金支持、活动领域和管理理念;另一方面,实践活动的开展也对企业的健康、持续发展具有重要意义。高校与企业合作开展志愿活动有助于企业树立良好的企业形

---

① 吴大惠.高校思想政治教育实践育人路径研究[D].重庆理工大学,2021.

② 范冰.试论大学生社会实践活动的模式创新研究[D].华东师范大学,2007.

象、有助于企业文化建设,还有助于促进企业员工自身的发展。企业成为实践基地或者实习基地时,不但有助于大力传播企业理念和文化,还有可能吸引大批高质量人才毕业后进入该企业工作,以扩大企业品牌影响。

随着国际化的深入,高校大学生的社会资源不仅限于国内,也拓展到国际社会之中。例如,国家留学基金管理委员会每年基于与联合国教科文组织、联合国难民署等国际组织签署的合作协议,选派优秀青年大学生到上述组织实习;联合国实习网站上常年提供包括和平与安全、人权、可持续发展等主题的实习项目。

(三)政府资源是实践育人的重要资源

党的政治领导与政府的强势推动,是促进高校实践育人不断发展的根本保障。政府作为国家进行统治和社会管理的机关,是国家表示意志、发布命令和处理事务的机关,对实践教育的扶持和规制直接影响实践育人的实施和发展。各级政府通过加强对实践教育的指导和支持力度,以及与高校建立更加高效的合作模式,实现政府与高校在联合育人方面的良性互动。

在制度规范层面,各级政府根据职能权限制定实践教育的相关文件,为高校开展实践育人工作提供制度遵循和路径指引,给予实践活动以良好的政策环境。通过出台激励政策,更好地整合资源,引导社会各方参与到实践育人工作中来。在课程与载体层面,政府有着丰富多元的载体和阵地,高校通过对接政府资源,与更多类型的组织取得合作,建设实践基地,签约专业领域导师,开发课程资源,丰富实践育人的行业师资。在经济保障方面,政府可以在财政预算中根据总体规划配置实践育人经费,确保该项工作的平稳运行。在协调与监督层面,政府通过制度规定、评估检查等手段,确保高校能在党和国家关于高校实践育人的政策规定下平稳、有效地开展各项工作,在实践育人过程中充当"调节者"和"监督者"的角色,及时根据外部环境调整政策规定,协调各方资源共享、成果共享、责任共担、监督合作。

以中国政法大学为例,通过建立协同育人机制,加大校地共建力度,加强实习实践基地建设,实现与法治实务部门的协同融合,实现优质法学教育资源即时共享。同时,聘请知名专家学者组成理论实务双导师队伍,在部分学院试行"理论+实务"联席双院长制,培养复合型法治人才。华东师范大学政治传播专业与市区两级政府合作,通过派在读研究生前往政府宣传部门进行专业实习和调研的方式,推动学生更好地了解当代中国政治宣传面对的技术变迁和环境挑战。

因此,高校应该更加积极、主动地推进校地合作,推动政府更加充分地发挥作用。高校应调动学科优势,积极介入决策咨询,为政府实践育人的教育政策制定起到推动促进作用;通过积极和地方政府共建、明确职责任务、完善管理制度、规范实践课程等途径,创新实践教育载体和方式,精心建设一批机制完善、效果突出的典型基地,打造志愿服务、社区帮扶、技能训练、就业创业等多种形式的实践育人协同体系。

(四)红色资源是实践育人的独特资源

红色资源,是中国共产党在革命战争年代和社会主义现代化建设时期所形成的具有资政育人意义的历史遗存,是党和国家的宝贵财富,是当代社会的重要教育资源。[①]红色文化所蕴含的鲜明的革命性和坚定的实践精神是实践育人的重要滋养,是高校思想政治教育实践育人的一种独特资源。

红色资源见证并记录了中国共产党的成长历程,记录了革命先辈为了崇高的理想和人民的幸福艰苦奋斗、不畏牺牲的实践历程和精神底色,具有丰富的思想内涵、崇高的理想信念和生动的育人功能。作为我国高校思想政

---

① 周利生,汤舒俊.红色资源与高校思想政治教育[M].北京:九州出版社,2018:3.

治教育实践育人的独特资源，它不仅能够助力高校大学生树立起正确的价值观、坚定人生信仰，还能锻炼其耐性与韧性，促进高校大学生的精神修养与实践能力平衡提高，防止其受消极社会思潮和负面文化的干扰，培养出拥有深厚的爱国情怀、对党和国家忠诚、对事业奋斗、对人生有追求的优秀人才。要把红色资源转化为教育教学资源需要"实践"的支撑，但在现阶段，高校实践教学机制建设整体上还有一定不足，高校间发展水平参差不齐，高校内也存在机制不畅的情况，实践活动存在着"点多而面不广"的现象。加之，红色实践教学缺乏相应的制度体系保障，所以红色资源作为实践育人的独特资源，其作用和优势的发挥还远远不够。

因此，高校应充分发挥红色资源对于实践育人的巨大优势，让理论与实践达到有效的统一，实现红色资源与教育教学资源相融合。实践教育教学红色资源的开发和利用，要特别注重因地就势，根据当地的实际情况来实施。如果高校位于拥有丰富红色资源，既包括历史资源的革命老区也包括现当代改革创新的地区，就应充分发挥自身传承红色资源传统的优势，深入挖掘红色资源，将其充分运用到实践教学当中，创造更多的机会运用红色资源开展教育。结合当地的红色文化资源条件和渠道，明确实践教育的学习目标和学习内容，有条理、有组织地带领学生去感受革命、建设的实践历史和精神实质，提高红色文化教育和实践育人的质量，改善教育成效。

对于红色资源不足的高校，通过"走出去"和"引进来"两种方式双向发力。首先可以加强红色资源实践基地的建设，以此来确保红色资源实践教学的常态化，保障实践育人工作的可行性和稳定开展。其次，善于加强与红色资源丰富地区高校的合作，联合开发实践育人项目，探寻具有典型性的红色文化作为实践教育的对象，强化实践教学的号召力和吸引力。最后，加强与红色基地展开合作，如积极发挥革命纪念馆在高校思政工作中的育人作用。也可以将红色文化资源搬进高校，合作打造有特色的高校红色文化纪念馆，挖掘红色校友的故事来提高学生对红色文化的兴趣，让学生在课余时间在校内也可开展实践活动。

第四节　劳动教育：把握全面自由发展的根本途径

劳动教育，是高校日常思政教育工作的基础内容之一，是实践育人的应有之义，是促进学生全面自由发展的根本途径。劳动教育并不是一个"新面孔"，它伴随着人类的历史产生，其实质是对受教育对象进行体脑结合的、具有社会责任感、创新精神与实践能力等方面的培养。马克思主义教育观将劳动教育视为"造就全面发展的人的唯一方法"，因此重视劳动教育一直是我国教育政策的重要内容。1978 年，邓小平在全国教育工作会议上提出，要更好地贯彻教育与生产劳动相结合的方针，教育事业的发展要与国民经济发展的要求相互适应，务必做到学以致用。"教育与生产劳动相结合"一直是新中国教育的重要原则之一，党的十三届七中全会通过的《中共中央关于制定国民经济和社会发展十年规划和"八五"计划的建议》中就明确提出："教育必须为社会主义现代化服务，必须与生产劳动相结合，培养德、智、体全面发展的社会主义事业的建设者和接班人。"党的十八大以来，以习近平同志为核心的党中央对教育与生产劳动相结合的思想内涵进一步丰富，提出德智体美劳的五育并举教育方针。2020 年 3 月，中共中央、国务院下发《关于全面加强新时代大中小学劳动教育的意见》，对劳动教育作出统一部署，要求高校要有目的地组织学生开展劳动教育活动，将劳动教育纳入人才培养的全过程，从而增强劳动教育实效性，适应产业升级和科技迅猛发展的需求，培养一批动手能力强、创新思维活跃、具有艰苦奋斗精神和公共服务意识的有志青年。

一、把握劳动教育的两个"统一"

(一)劳动教育是实践性与理论性的统一

实践性原则是劳动教育活动的根本准则,要求高校思想政治教育工作者一方面要充分地运用实践手段、创设条件,促使学生在做中学,在实践中感悟世界、认识真理。另一方面,也要根据特定时期的具体形势,紧密地联系外部世界及学生的社会生活来展开有意义的活动。理论性原则是实践育人活动的客观要求,也是隐性要求。它要求实践活动的开展要遵循一定的理论与事实依据,作为人的劳动,必须将脑力劳动与对于体力劳动的指引相结合,实践的活动必须有理论的指导,但也绝不意味着僵化地遵照理论来执行。

在劳动育人"实践性与理论性相统一"的要求下,高校应探索劳动教育和思想政治教育理论的有机融合路径,构建高校劳动教育和思想政治教育、理论教育协同育人机制。一方面,要协同劳动教育与思想政治课教学的铸魂育人作用。高校应充分利用好课程思政的具体形式,坚持显性教育和隐性教育相统一,把政治认同、国家意识、文化自信、人格养成等思想政治教育导向与劳动知识、劳动技能提升有机融合,注重培养学生正确的劳动价值观和良好的劳动品质,形成协同育人效应。同时,要在思想政治理论课教学中充分体现劳动育人作用。通过融入劳动教育元素,让学生认识到劳动对于社会发展和个人成长的重要作用,培养勤劳、奉献、奋斗、创新的精神,坚定青年大学生应该在辛勤劳动中创造美好生活、奉献社会、报效祖国的理想信念。在具体的实践教学中,应该结合劳动教育的内容要求,依托高校的学科和专业特色,积极开展专业实训、志愿服务、社会实习、勤工俭学、创新创业等活动,拓宽实践教学的现实路径。①另一方面,要协同劳动教育与其他专业课教学的铸魂育人作用。劳动教育涉及的范围非常广泛,教师应充分挖掘本学科专业教育的劳动教育资源,以更充分和更广泛地实现劳动教育有效果。②

(二)劳动教育是主体性与主导性的统一

实践教育与传统的教学过程一样坚持教师主导性原则和学生主体性原则相结合,在课堂中教师必须主导整个过程不偏离方向和轨道,但与此同时,课堂中更加突出学生的主体性。劳动教育作为实践教育中的一个类型,也是如此。主体性原则是劳动教育能否起到作用的关键因素。参与劳动实践活动的自觉性与劳动意识养成和劳动习惯形成密不可分,如果大学生本身不认可劳动对于个人的价值,就必然缺乏主观能动性,那么蕴含在其中的思想政治教育功能就势必难以有效发挥。劳动离不开的是具体的个体在实际场景中的具体劳动,以及在劳动中思想意识的反映与思想意识对劳动的反作用。劳动的这种属性决定了学生是劳动教育的主体,学生掌握着是否参与劳动、思想意识和身体多大程度参与劳动等一系列主动的选择。因此,在劳动教育中,教师要特别尊重学生的主体地位,创设环境,使之理解劳动的本质,并能够根据不同阶段、不同学科、不同个体基础的学生情况,设计相宜的教学内容和形式,在满足学生个体内在需求的基础上刺激学生主体能动性的发挥。并在之后的教育过程中,根据课程实施情况及时调整教育内容和形式,充分发挥好课程教育中的主导作用。

在劳动育人"主体性与主导性相统一"的要求下,高校应在建立体制机制保证教师对劳动教育的主导权之下,着力发挥学生的主体作用。

一是,保证教师对劳动教育的主导权。劳动教育的本质仍然是教育,实

---

① 蔡伊琳,颜雄.高校劳动教育和思政课教学协同育人探究[J].决策探索(下),2021(05):31-32.

② 吴大惠.高校思想政治教育实践育人路径研究[D].重庆理工大学,2021.

践课堂的内涵仍然是课堂,教师应牢牢把握住对劳动教育的主导权,在实践课堂中占据主导地位,在劳动教育实践实施过程中,对课堂进行管理,对课程进行设计,对学生进行引导。同时,劳动教育作为一门集思想、技能与素质教育为一体的综合性课程,教师的能力也要有一定的保障,需要加强新时代劳动教育的师资建设,把劳动教育纳入师资培训内容,开展全员培训,强化劳动意识、劳动观念,提升劳动教育的自觉性。首先要厘清高校场域内开展劳动教育的师资来源,要使教育者首先受到教育,避免教师本身对劳动教育之于大学生教育的误解和浅薄认识,实现对新时代"五育"教育方针的真正理解。在此基础上,通过系统化的专门培训,帮助教师掌握劳动教育的特殊规律,形成劳动教育的规范教育内容和教育方法,不断提升教师开展劳动教育的实际效果。高校在现有校内师资的基础上,还应邀请校外先进劳动者进入课堂,以开讲座、分享会、做项目等方式,让大学生更直接地了解先进劳动者的经验,并从实际事例中领悟劳动的精神及劳动的价值观。

二是,着力发挥学生的主体作用。高校应通过对大学生的思想引导,使大学生从主观上认识到参与劳动实践活动的重要意义。通过自我教育,使大学生认识到劳动之于人全面发展的重要价值,明确自己是高校劳动教育的主体对象,进而激发他们主动参与教育的愿望,通过学习认识劳动的不同形式和不同层面,以此来增强大学生参与劳动实践活动的主动性,形成其对劳动教育的自觉性,主动追求劳动教育对于自身的改造作用。

作为实践性与理论性相统一、主体性与主导性相统一的劳动教育,其开展实施既需要高校劳动教育课程化的实施,更需要施于日常的劳动实践教育。课程作为高质量人才培养的核心要素,培养效果最为直接、显著。高校可以通过充分预备劳动教育学科的建设内容、加强劳动教育作为通识性课程发展、推动劳动教育课程与其他课程相互融合、组织专家编撰劳动相关教材等手段,努力打造劳动教育通识课程"金课"。①劳动教育实践作为更为灵活和生活化的教育方式,教育的形象性、趣味性和实用性更强,更有助于激发大学生作为主体的参与意识和内在需要。故此,高校要在充分认识劳动-教育两个相统一,并在此基础上不断优化对劳动课程或者劳动教育实践的设计,着力将劳动教育与相关学科、专业、市场等相结合,促进大学生积极投入劳动教育的主体性、主动性以及自觉性,使学生能够"崇尚劳动、尊重劳动,懂得劳动最光荣、劳动最崇高、劳动最伟大、劳动最美丽的道理,长大后能够辛勤劳动、诚实劳动、创造性劳动"②。

二、劳动教育开展的要求和途径

(一)劳动教育开展的要求

根据教育部 2020 年制订的《大中小学劳动教育指导纲要(试行)》,劳动教育的主要内容包括日常生活劳动、生产劳动和服务性劳动中的知识、技能与价值观三大部分。其中,日常生活劳动教育立足个人生活事务处理,注重生活能力和良好卫生习惯培养,树立自立自强意识。生产劳动教育是让学生在工农业生产过程中直接经历物质财富的创造过程,体验从简单劳动、原始劳动向复杂劳动、创造性劳动的发展过程,学会使用工具,掌握相关技术,感受劳动创造价值,增强产品质量意识,体会平凡劳动中的伟大。服务性劳动教育让学生利用知识、技能等为他人和社会提供服务,在服务性岗位上见习实习,树立服务意识,实践服务技能;在公益劳动、志愿服务中强化社会责任

---

① 杨丹.新时代高校劳动教育实践的问题与对策研究[D].华南理工大学,2020.

② 新华社.习近平出席全国教育大会并发表重要讲话[EB/OL].http://www.gov.cn/xinwen/2018-09/10/content_5320835.htm?tdsourcetag=s_pctim_aiomsg.

感。①具体到大学学段,要求强化马克思主义劳动观教育,注重围绕创新创业,结合学科专业开展生产劳动和服务性劳动,积累职业经验,培育创造性劳动能力和诚实守信的合法劳动意识。为达到上述目标,应使学生达到以下三个层面的要求:

第一,价值和知识层面。掌握通用劳动科学知识,深刻理解马克思主义劳动观和社会主义劳动关系,树立正确的择业观、就业观、创业观,具有到艰苦地区和行业工作的奋斗精神。要通过系统的劳动教育,使学生认识到劳动是人类独特的社会实践活动,是一切财富、价值的源泉。劳动者是国家的主人,一切劳动和劳动者都应该得到鼓励和尊重;倡导通过诚实劳动创造美好生活、实现人生梦想,反对不劳而获、崇尚暴富、贪图享乐的错误思想。奋斗精神是人类高级精神品质的重要表现,是个人幸福的源泉。

第二,习惯和能力方面。巩固良好日常生活劳动习惯,自觉做好宿舍卫生保洁,独立处理个人生活事务,积极参加勤工助学活动,提高劳动自立自强能力。教育与生产劳动的结合,是现代化生产的客观需要。但随着现代化程度的不断深入,科技对于人力的替代性作用也越来越强,很多人类基本的劳动都已被科技产品所取代,而在享受先进科技带来便利的同时,人的劳动能力和劳动意识都在发生潜移默化的改变。当下的在校大学生是成长于互联网时代的原住民,他们对于如何运用科技有着本能的自觉和较强的技能,但是反之对劳动的意识和劳动的技能却偏向式微,亟待重塑大学生的劳动习惯和劳动能力。

第三,载体和内容方面。强化服务性劳动,自觉参与教室、食堂、校园场所的卫生保洁、绿化美化和管理服务等,结合各种类型的社会实践活动开展服务性劳动,强化公共服务意识和面对重大疫情、灾害等危机主动作为的奉

---

① 教育部关于印发《大中小学劳动教育指导纲要(试行)》的通知[EB/OL].http://www.moe.gov.cn/srcsite/A26/jcj_kcjcgh/202007/t20200715_472808.html.

献精神;重视生产劳动锻炼,积极参加实习实训、专业服务和创新创业活动,重视新知识、新技术、新工艺、新方法的运用,提高在生产实践中发现问题和创造性解决问题的能力,在动手实践的过程中创造有价值的物化劳动成果。

(二)劳动教育开展的日常思想政治教育途径

《大中小学劳动教育指导纲要(试行)》指出,要将劳动教育纳入人才培养全过程,通过第一课堂、第二课堂和校园文化等途径,丰富、拓展劳动教育实施途径。具体包括:独立开设劳动教育课程、在学科专业中有机渗透劳动教育、在课外校外活动中安排劳动实践、在校园文化建设中强化劳动文化,等等。在日常思想政治教育层面,主要是提高课外校外劳动实践质量、提升校园文化建设中对劳动文化的建设水平来开展具体工作。

第一,通过课外校外的劳动实践将劳动教育与大学生的个人生活、校园生活和社会生活有机结合,使大学生在实际的体验中增强认识,提高劳动能力,深化对劳动价值的理解。劳动实践应围绕学生的现实生活中需求,从基础劳动能力、生产建设劳动能力、研发劳动能力等进阶性层次选择和确定劳动项目。如北京交通大学将大学生的日常劳动项目划分生活性劳动、生产性劳动和服务性劳动三个类别,对接第二课堂中德育与全面发展培养认定系统,分类设置劳动教育目标和实施路径,充分挖掘校内资源,在校内开设多个实习基地或实践场所,在绿色学校、智慧校园等多个领域为学生提供实习实践岗位和创新创业项目。①

第二,通过将劳动习惯、劳动品质的养成教育融入校园文化建设之中,营造人人争做新时代奋斗者的氛围。一是充分利用劳动相关的节日、纪念日等时间节点,开展劳动教育主题活动,以主题讲座、征文、短视频征集等具体

---

① 北京交通大学.北京交通大学以"三个强化"拓展劳动教育实施途径[EB/OL].http://www.moe. gov.cn/jyb_xwfb/s6192/s133/s142/202204/t20220406_614134.html.

形式,营造劳动教育的主流文化和受到年轻人喜爱的"潮"文化。二是通过邀请行业楷模进校园、身边优秀先进劳动者等形式,让行业卓越人才成为可触可感的身边人,让身边看似平凡但是拥有精湛技艺、勤勉敬业态度的优秀劳动者脱颖而出,通过使大学生了解榜样人物的成绩及经历过往,达到触动情感、形成态度、引发行为的目标。如天津大学通过开展"自强之星""劳动模范班""最美后勤人"等评比活动,选树先进典型,弘扬劳动精神;举办"奋斗青春最美丽""薪火相传 匠心筑梦"教育活动,加强正向引导,打造"爱劳动"的校园文化。组织"学雷锋""劳动美 奋斗情 家国梦"志愿服务等社会公益活动,引导学生践行社会主义核心价值观。①

---

① 天津大学.天津大学探索构建劳动教育新模式[EB/OL]. http://www.moe.gov.cn/jyb_xwfb/s6192/s133/s157/201911/t20191105_406923.html.

第二章 文化润养:抓牢校园文化育人主动权

　　"繁荣校园文化"是高校思想政治工作日常教育体系的四项内容之一。"文化是民族生存和发展的重要力量。"①"人创造环境,同样,环境也创造人"②,文化对人的成长具有深远持久和潜移默化的作用。高校是教育场所,也是文化发扬场所。校园文化是高校全体师生员工在教学、科研、管理、服务等各项工作中共同创造的物质财富、精神财富和制度文化的总和。校园文化是高校日常思想政治教育的重要资源,新时代做好大学生日常思想政治教育工作,必须牢牢抓住校园文化育人主动权。

第一节 校园文化育人的理论基础和现实意义

　　习近平总书记强调:"文化是一个国家、一个民族的灵魂。"③文化承载着

---

① 习近平.在文艺工作座谈会上的讲话[M].北京:人民出版社,2015:2.
② 马克思恩格斯选集:第一卷[M].北京:人民出版社,1972:43.
③ 习近平.在中国文联十大、中国作协九大开幕式上的讲话[M].北京:人民出版社,2016:6.

一个族群共同的集体记忆,是流淌在人们心中最深远、最持久的力量。中华文化源远流长、博大精深,其中蕴涵了许多成风化人、凝心聚力的哲学理念。中国共产党在领导人民革命、建设、改革的历程中,继承并发扬了中华优秀传统文化。新时代,中华优秀传统文化、革命文化、先进文化为青年群体培根铸魂提供了重要精神资源。扎根中国大地办教育,必须充分发挥文化的力量,培养德智体美劳全面发展的社会主义事业建设者和接班人。

一、校园文化育人的理论基础

文化育人具有悠久的历史传统。早在《周易》这一古老典籍中,即有"观乎天文,以察时变,观乎人文,以化成天下"的记载。"以文化人"是中国传统教育思想,强调"文德"通过"化"的方式教化人性。[1]先秦时期,孔子提倡"克己复礼",即以礼教来约束自己的思想。孔子所推崇的,是礼制文化对人形成的约束和塑造作用。荀子主张人性恶论:"性者,本始材朴也;伪者,文理隆盛也。无性则伪之无所加;无伪则性不能自美。"荀子同样强调文化对人本性的重塑功能。可以说,在中国的传统文化观中,关于人的本性与社会文化性关系的探讨是经典的主题。中国文化自古以来就追求人性的不断完善、人格的高尚与人际关系的和谐状态,这是中国人理解文化功能的基础。[2]

马克思主义文化观认为文化随着物质生产的变化而变化,"人们的意识,随着人们的生活条件、人们的社会关系、人们的社会存在的改变而改变"[3]。同时,文化对物质具有反作用,能够对人的日常生产和社会交往起到规范作用。人民群众是文化的创造主体,是现实的人,"这些观念都是他们的现实关

---

① 中国学位与研究生教育学会.教育规律读本·育人三十六则[M].北京:商务印书馆,2019:71.

② 黄力之.历史实践与当代问题:马克思主义文化理论研究[M].上海:上海人民出版社,2004:9.

③ 马克思恩格斯选集:第一卷[M].北京:人民出版社,2012:419-420.

系和活动、他们的生产、他们的交往、他们的社会组织和政治组织有意识的表现"①。文化不仅是一种抽象的育人资源，它本身也是指向社会主义实践的。列宁针对苏维埃政权提出"文化革命"的思想，他将"文化革命"作为落后国家实现社会主义的一种必然要求和现实路径。在列宁看来，"文盲是处在政治之外的"②。没有掌握文化，人民群众就难以真正参与到社会主义建设中来。可见，掌握文化是参与社会主义实践的一个必要条件，掌握了文化的人民群众将发展为促进社会主义建设的重要力量。

不仅是列宁，在中国革命、建设、改革的过程中，以毛泽东、邓小平为代表的中国共产党领导人都充分认识到文化的实践指向和现实意义。文化不只是观念形态的问题，更是关系到国家政治、经济稳定发展的实践问题。③习近平总书记高度重视文化和文明对于民族伟大复兴的重要意义。2012年11月15日，习近平总书记在十八届中央政治局常委同中外记者见面的讲话时指出："在漫长的历史进程中，中国人民依靠自己的勤劳、勇敢、智慧，开创了各民族和睦共处的美好家园，培育了历久弥新的优秀文化。"④他在多个场合强调要加强文化建设，增强包括高校大学生在内的人民群众的精神力量。2013年12月30日，习近平总书记在主持中共中央政治局第十二次集体学习时，就建设社会主义文化强国，着力提高国家文化软实力作出重要论述。习近平总书记强调，要提高国家文化软实力，努力展示中华文化独特魅力。2014年2月24日，习近平总书记在主持中共中央政治局第十三次集体学习时，就培育和弘扬社会主义核心价值观、弘扬中华传统美德发表重要讲话。习近平首次提出"文化自信"："讲清楚中华优秀传统文化的历史渊源、发展

---

① 马克思恩格斯选集：第一卷[M].北京：人民出版社，2012：151.
② 列宁选集：第四卷[M].北京：人民出版社，2012：590.
③ 黄力之.历史实践与当代问题：马克思主义文化理论研究[M].上海：上海人民出版社，2004：134.
④ 习近平.习近平谈治国理政：第一卷[M].北京：外文出版社，2018：4.

脉络、基本走向,讲清楚中华文化的独特创造、价值理念、鲜明特色,增强文化自信和价值观自信。"①

2015 年,国务院办公厅印发《关于全面加强和改进学校美育工作的意见》,要求高校提升审美教育,潜移默化地影响大学生的情感、趣味、气质、胸襟,激励人的精神,温润人的心灵,实现以美育人、以文化人。② 2016 年 7 月 1 日,习近平总书记在庆祝中国共产党成立 95 周年大会的讲话中指出:"在 5000 多年文明发展中孕育的中华优秀传统文化,在党和人民伟大斗争中孕育的革命文化和社会主义先进文化,积淀着中华民族最深层的精神追求,代表着中华民族独特的精神标识。我们要弘扬社会主义核心价值观,弘扬以爱国主义为核心的民族精神和以改革创新为核心的时代精神,不断增强全党全国各族人民的精神力量。"③"各级党委要从建设社会主义文化强国的高度,增强文化自觉和文化自信。"④习近平总书记有关文化强国的重要论述,为新时代高校以文化人指明了方向、提供了遵循。

二、校园文化育人的现实意义

高校是文化研究与人才培养的场所,是思想文化资源聚集、蓬勃发展的场域,承担着文化创新与传承的使命和任务。高校需要重视文化自觉,不断繁荣校园文化,抓牢校园文化育人主动权,以优秀的校园文化滋养师生。所谓文化自觉,其中包含着两个层面的含义:其一,文化具备育人功能。文化作

---

① 习近平.习近平谈治国理政:第一卷[M].北京:外文出版社,2018:164.

② 中国政府网.国务院办公厅关于全面加强和改进学校美育工作的意见[EB/OL].http://www.gov.cn/gongbao/content/2015/content_2946698.htm.

③ 习近平.在庆祝中国共产党成立 95 周年大会上的讲话[M].北京:人民出版社:2016:13.

④ 中共中央文献研究室.习近平关于社会主义文化建设论述摘编[M].北京:中央文献出版社,2017:168.

为一种抽象的资源,能够潜移默化地起到育人教育作用;其二,文化育人指向的是涵养知识以外的德行、理想等精神修养。文化育人追求的教育目标,不是可以简单量化的知识或规则,而是指导学生为人、为学、为国、为家的品格精神。

全面抗战时期的西南联大,在极其艰难的环境下创造了中国高等教育的辉煌。西南联大的灿烂校园文化,不仅对当时的西南联大学生和西南地区民众思想影响甚巨,而且辉映至今、绵延不绝。新中国成立后,高等教育事业更加注重培养积极健康的校园文化,为服务社会主义文化建设做出了重要贡献。

2004 年,教育部、共青团中央为贯彻落实《中共中央国务院关于进一步加强和改进大学生思想政治教育的意见》精神,发布《关于加强和改进高等学校校园文化建设的意见》,指出高校校园文化建设要坚持社会主义先进文化的发展方向,遵循文化发展规律,借鉴吸收人类文明有益成果,以实施科学文化素质教育为基础,以建设优良的校风、教风、学风为核心,以优化校园文化环境为重点,不断满足大学生日益增长的精神文化需求,为培养社会主义合格建设者和可靠接班人提供强大的精神动力, 使高等学校成为发展中国特色社会主义先进文化的重要基地、示范区和辐射源。[①]同年,教育部颁布《完善中华优秀传统文化教育指导纲要》。此后,教育部还通过每年举办高校校园文化建设优秀成果评选等活动促进高校间文化交流。2018 年起,教育部支持清华大学等 106 所高校陆续建设中华优秀传统文化传承基地, 激发高校内生动力,围绕课程建设、社团建设、工作坊建设、科学研究、辐射带动、展示交流等方面,打出文化建设"组合拳"。

发挥校园文化的日常涵育功能至关重要。首先,校园文化是青年大学生

---

① 教育部、共青团中央关于加强和改进高等学校校园文化建设的意见[EB/OL].http://www.moe. gov.cn/srcsite/A12/moe_1407/s3008/200412/t20041220_76337.html.

最亲切熟悉、最隐性、最具有吸引力的教育资源。校园文化氛围既要风清气正,也要具有特色,发挥对学生的强大感染力和号召力,从而培养学生良好品德,指引学生健康成才,提升学生精神境界。高校的大学生群体,富有创造力、情感丰富、精力充沛,对先进文化具有天然的热情和好奇。在高校校园文化的建设和创造过程中,高校学生既是受众也是主体。在文化氛围积极健康的校园里,大学生能够成为主动的学校文化创造者。他们可以将文化创造力和热情转化为文化实践,从而既提升学生的文化品位,也丰富高校文化的内涵。校园文化实践具有体验性强、直观性强的特点,其蕴含的文化浸润功能具有内隐性。校园文化实践的影响尽管难以直接量化测量,但却是深远持久的。

其次,校园文化的思想政治教育功能是隐性的。思想政治教育资源有显性和隐性之分。相对于显性资源,隐性资源往往更加贴近受众实际,更能发挥思想政治育人效果。高校开展日常思想政治教育工作,需要善用隐性资源。思想政治教育工作者将教育内容传递或渗透给学生时,需要依赖于特定的物质、制度和精神作为教育载体。与显性的思政教育资源相比,校园文化作为隐性的思政教育资源,具有直接、通俗和渗透性强的特点。高校具备天然的文化资源优势,要掌握思政教育的主动权,夯实包括校风、教风、学风等在内的校园文化。高校要善于发挥校园文化潜移默化的影响,"要注重文化浸润、感染、熏陶,既要重视显性教育,也要重视潜移默化的隐性教育,实现入芝兰之室久而自芳的效果"①。

最后,发挥高校校园文化育人功能具有紧迫性。身逢百年未有之大变局和世纪疫情交织叠加的特殊时期,国内国际社会都呈现出强烈的不确定性。全球化与逆全球化交互出现,国际格局剧烈变化,国内发展遭遇来自内部和

---

① 中共中央文献研究室.习近平关于青少年和共青团工作论述摘编[M].北京:中央文献出版社,2017:65.

外部多重挑战。各种思潮借助迅速发展的传播技术不断发酵，个人主义、实用主义、功利主义等错误思潮误导了青年大学生的世界观、人生观、价值观。尤其是新冠疫情持续蔓延，经济下行压力增大，就业形势严峻，一些学生可能更容易产生焦虑等负面情绪。同时，近年来高校教师失德成为媒体热议的话题：部分教师重科研、轻教学，将自己的绝大部分注意力放在科研上，轻视了教学和社会服务；部分教师没有将教书育人、科学研究与国家发展、民族振兴相联系，而是仅着眼于个人私利。这样的师德师风不但不能引导学生塑造正确的世界观、人生观和价值观，而且还会误导学生的世界观、人生观、价值观。凡此种种，皆凸显了加强高校校园文化建设的迫切性。

因此，高校校园文化建设应聚焦于现实中的突出问题。高校党委要牢牢掌握意识形态工作领导权，践行和弘扬社会主义核心价值观，培育大学精神，建设优美环境，滋养师生心灵，涵育师生品行，引领社会风尚。具体而言，思政育人要以大学生的全面发展为目标，注重以文化人、以文育人，以理想信念教育为核心，深入开展世界观、人生观和价值观教育；要坚持正确的育人理念，加强校风建设，通过从制度和文化等方面培育良好教风，加强师德师风建设；要善于发挥教师的示范作用，用良好教风引导学生；要创新育人方式，通过校史挖掘、校园典型示范、校园原创文化传播等途径，充分调动师生参与校园文化创设的积极性；要善于依托高校的专业优势，如组织排演革命历史舞台剧、创作以革命精神为主题的歌舞音乐、制作展示以革命文化为内涵的网络作品，深入推进中华优秀传统文化、革命文化、社会主义先进文化教育；要加强校园人文环境和自然环境建设，实现高校校园内部自然景观、人文景观和设施的协调统一，达到使用、审美、教育功能的和谐统一。

第二节 校园文化育人之"校风、教风、学风": 积极健康塑新人

校风、教风、学风是高校学生学习、生活、纪律等风貌的综合体现,是校园文化的重要构成和集中表现。高校学生思想政治工作的开展要遵循全员育人、全程育人、全方位育人的基本思路。这意味着,高校开展学生思想政治工作,需要调动高校内部的所有资源及外部可利用资源,综合开展显性教育与隐性教育。推进思政育人工作,尤其要注意发挥以文化人的功能,重视高校校园文化建设,营造优良的校风、教风、学风。

一、加强校风、教风、学风建设的必要性

校风是一所学校所特有的、占主导地位的行为习惯和群体风尚,它形成于学校的办学过程中,经过了长期积淀,蕴含着高校的历史和优秀传统。良好校风反映了学校师生的思想品德水平,是一种重要的精神文化财富。校风体现一所高校的独特气质和价值底色,是大学完成立德树人根本任务的基础。1937年7月成立于延安的陕北公学,在革命战争年代坚持"实施国防教育,培养抗战人才"的办学宗旨,形成了"忠诚、团结、紧张、活泼"的校风,办学两年共吸收三千多名青年加入中国共产党。优良校风的形成,不仅需要理念的倡导,更需要特定的载体。当年,陕北公学的氛围养成很大程度上得益于教员和学生日常的频繁互动。无论是校长还是教员,都极度热爱和尊重自己的工作,关心学生的思想生活状况。尽管处于战争时期,但教员不会无故缺席任何一节课。教员极为关心学生,时常会到学生住的窑洞和他们交流思

想。陕北公学建立了民主的教学管理制度。学校教育计划是全校师生一起讨论形成的，这些教育计划成为全校师生共同努力的遵循。此外，陕北公学还广泛开展批评和自我批评。学员之间、学员和教员之间相互批评，改进工作，思想上共同进步，彼此感情十分亲密。陕北公学的校园文化建设，对于今天高校开展思政育人工作具有重要启示意义。

高校是学生走向独立、形成自我的重要场所，也是他们走向社会前的重要成长场域。高校肩负着塑造学生世界观、人生观、价值观的重要责任。校风作为一种抽象精神，对大学生的世界观、人生观、价值观产生了重大的影响。校风的传承，离不开高校与学生的共同努力。校风对学生的涵化作用既是最基础的，也是最直接的。从学生进入高校的那一刻起，校风就成为涵养学生精神文化修养的重要力量。校风作为意识形态塑造、价值观教育的隐性资源，对高校学生形成健全的人格至关重要。

高校校风的重要体现即学风和教风。学风是一个学校学生行为的直观体现。狭义上专指学生的学习风气，广义上则指学生的学习风气及这种风气形成的关联因素，包括学生的思想意识、行为习惯、学校支持学生学习的物质基础条件等。学风能够反映高校人才培养、教学质量、管理情况的整体水平，承载着高校的历史传统和办学理念。教风是高校教师群体职业理念、品德修养、教研态度、育人实践的综合表现。高质量的教风是高质量师德师风的体现，是打造新时代高质量教师发展体系的必然要求。习近平总书记在2016年全国高校思想政治工作会议中强调："教师做的是传播知识、传播思想、传播真理的工作，是塑造灵魂、塑造生命、塑造人的工作。教师不能只做传授书本知识的教书匠，而要成为塑造学生品格、品行、品位的'大先生'。"[①]教师作为高校学生的教导者，是学生们学习、效仿的对象，高校教风具体体

---

① 教育部课题组.深入学习习近平关于教育的重要论述[M].北京:人民出版社,2019:56.

现为教师的品质德行、职业操守、科研水平与教学水平等形式。高校的教风优良,意味着高校的教师具备良好的教育理念和教学价值观,反映了高校教师为人、为学、为师的职业操守和道德水平。高校教风的优劣不仅影响着教师的职业前途和高校的发展前景,而且对高校学生的学风也有重要影响。优良的教风是培养优秀人才的基础,是高校保持风清气正校园生态的基石。高校的校风、教风、学风建设工作和大学生思想政治工作联系紧密,形成了相互影响、相互渗透的关系。深入推进高校思想政治工作,必须结合高校校风、教风、学风建设中显露出的新情况、新问题和新特点,形成校风、教风、学风、高校思想政治工作相互促进、相互融合的工作思路。

党的十八大以来,习近平总书记先后对李保国、黄大年等高校教师的先进事迹作出重要指示批示,要求高校教师学习两位教师楷模,牢记信仰、不忘群众、不忘本色、不忘本职、淡泊名利、甘于奉献的高尚精神,心有大我、至诚报国的爱国情怀,教书育人、敢为人先的敬业精神。中共中央组织部、中共中央宣传部和教育部在 2017 年发出《关于认真贯彻习近平总书记重要指示广泛开展向黄大年同志学习活动的通知》,要求高校各级党组织开展向黄大年学习的活动,通过专题学习、组织生活、座谈交流等多种方式,把学习活动同加强和改进高校思想政治工作、培育和践行社会主义核心价值观结合起来,牢记社会主义高校的办学目标和立德树人的根本任务,把社会主义核心价值观教育渗透到教育教学活动中、体现在育人育才过程中,全面推进教书育人、实践育人、科研育人、管理育人、服务育人。全国高校开展黄大年式教师团队创建活动,该活动组织引导高校教师以黄大年同志为榜样,鼓励当代教师心有大我、至诚报国,教书育人、敢为人先,淡泊名利、甘于奉献,把爱国之情、报国之志融入祖国改革发展的伟大事业之中、融入人民创造历史的伟大奋斗之中,对于形成良好的教风具有重要意义。

二、高校校风、教风、学风建设现状

党的十八大以来，以习近平总书记为核心的党中央高度重视大学生思想政治工作。党中央和教育部从学校建设、教师建设和学生建设等方面，出台多项关于提高大学生思想政治工作效果的文件，如《中共中央 国务院关于全面深化新时代教师队伍建设改革的意见》《关于建立健全高校师德建设长效机制的意见》《教育部等八部门关于加快构建高校思想政治工作体系的意见》等。各高校认真贯彻落实习近平总书记关于思想政治工作的重要指示，围绕学生、关照学生、服务学生，不断提高学生思想水平、政治觉悟、道德品质、文化素养。"以文育人成效显著。各高校广泛开展文明校园创建，发挥校园建筑景观、文物和校史校训校歌的文化价值，进一步发挥开学典礼、毕业典礼的育人功能，举办健康向上、格调高雅的校园文化活动，开展高校原创文化精品推广行动计划，逐步形成'一校一品'的校园文化风貌。"①

校训作为校风建设的外显性表达，是一个学校校风的直观体现。通过对国内 100 所高校的校训进行字频和词频的统计，笔者发现，使用频率最高的词语为"创新"，共出现了 22 次，其次为"求实"，共出现 20 次。在字频方面，出现次数最多的为"求"字，共出现 41 次。如果把校训的价值取向简单分为德、知、行三方面，那么在列表中的 18 个高频词中，属于德的价值取向的词汇有"厚德""明德""至善"等；属于"知"的词汇有"博学""笃学"等；属于"行"的词汇有"求实""求是"等。这些词汇出现的频率非常高，可见，中国高校非常注重对学生进行德、知、行方面的培养。

第一，注重道德品质的培养。大多数高校都把"德"放在校训的首要位

---

① 高校思想政治工作成效显著——为中国梦矢志奋斗的青春力量[N].人民日报,2022-01-09(05).

置。如上海交通大学的校训"饮水思源,爱国荣校",就是纯粹的"德"的要求。西安交通大学则把"德"放在众多价值取向的首位,即"爱国爱校、追求真理、勤奋踏实、艰苦朴素"。厦门大学的校训将"德"置于个人发展的最终目标:"自强不息、止于至善。"德者,才之帅也。中国共产党历来注重培养德才兼备的优秀人才。高校通过校训涵育学生的优良品德,旨在引导大学生做一个高尚的人,做一个脱离低级趣味的人,做一个为祖国和人民服务的人。在当下,高校学生要积极践行社会主义核心价值观,将个人梦想融入中华民族伟大复兴的中国梦。

第二,注重知行合一。除了注重对学生道德的培养,高校也同样注重对学生进行知识和技能的培养。从高频词汇表可看出,出现次数最多的词汇都与"知""行"相关。东北大学校训为:自强不息,知行合一;北京化工大学的精神为:团结奉献、艰苦奋斗、务实力行、博学创新;重庆大学的办学理念为:研究学术、造就人才、佑启乡邦、振导社会。知是行之始,行是知之成。高校通过校训引导大学生走出"象牙塔",在祖国大地上施展才华,用个人的专业知识技能服务社会主义现代化建设。

此外,不同类别的高校校训、办学理念侧重点不同。理工类院校的校训重在"团结"与"求真",综合性院校更注重"德"的培养,师范类院校强调"为人师表",医药类院校重在"济世",而财经类院校则重在"经济匡时"。例如,复旦大学将"秉持'博学而笃志,切问而近思'的校训,弘扬'团结、服务、牺牲'的精神,倡导'文明、健康、团结、奋发'的校风和'刻苦、严谨、求实、创新'的学风"写进了高校章程之中。总之,不同类型的学校从各自学校特点出发制定校训,通过校训向一届届的学生阐释学校的价值追求和行为导向,努力塑造良好的学风和教风。

高校校风、教风、学风取得了显著的成效,但也存在一些问题。其一,部分高校对校风、教风、学风自身特性认识不足。高校的校风是高校办学实践中凝结的文化精神特质，也会受到了社会风气、时代风气的影响。校风具有一定的封闭性，但同时也具有开放性。在全球一体化的进程中，现代社会分工高度分化，高校校风演变既要考虑高校自身的历史与现实因素，也要注重其受到的来自校外因素的影响。一方面，要充分利用高校外的积极因素，有效结合社会各行业先进文化精神资源、世界他国先进前沿的思想文化资源，坚持以我为主、为我所用，继承和发扬中华优秀传统文化、革命文化、社会主义先进文化。另一方面，要警惕高校外的消极文化影响，警惕社会上消极负面的思潮和价值观，警惕"丧文化""历史虚无主义"等对青年大学生的影响。

其二，部分高校校园文化建设主体单一。校园文化由校风、教风、学风体现出来，其形成载体既包括文化活动、教学活动等师生参与的实践，也包括校园内的自然景观、楼宇设施等。因此，校园文化建设的主体既包括学校管理部门，也包括在校的教师、学生，以及校外可吸纳的人力资源。当前，高校校园文化建设呈现出两个突出的问题，首先是重视硬件、轻视软件。高校为了改善办学条件，在申请建设经费及使用经费上投入较大精力，改善了楼宇设施等硬件，但是校园文化建设却没有硬性要求和明确规定。此外，高校校园文化建设过度依赖单一的文化活动，忽视了载体、机制等方面的协同工作。高校的校风形成于师生教学、科研的一切活动之中，而非仅形成于文化建设活动之中。教学、科研、管理等各方面实践也是校风形成的重要因素。目前普遍的情况是，高校文化建设的主要职能由宣传部门负责，其他部门的支持力度和参与力度匮乏，未建立起部门协同机制。此外，高校关于文化建设的规划、执行和检查评估机制尚未完全建立，缺乏长效机制保障。

其三，校风、教风、学风还存在纠偏创优的需要。首先，学校校风、教师教风、学生学风三者之间关系紧密，互相影响。优良的教风是优良学风形成的基本前提。学生在教师的积极引导下，会积极学习教师的道德品质。受当前社会中一些不良风气的影响,高校教师中存在着部分师德师风问题。例如,有的教师职业精神欠缺,注重个人利益得失而缺少为国育才、为党育人的自觉。有的教师思想意识形态不够坚定,容易受外部消极思潮的影响,不能抵御不良文化的侵蚀。有的教师还将这种负面影响带进了课堂之中,对大学生世界观、人生观、价值观产生极为负面的影响。此外,一些高校学风存在不良倾向。当前在校大学生以"00后"为主,他们被称为"Z世代"。"Z世代"是互联网的原住民,大多数人习惯于网络生活。他们渴望人群,但是又缺少群体互动,对于如何有效融入群体缺乏足够的信心和技术。不断提高的生活条件让大多数学生丧失了艰苦朴素、吃苦耐劳的优良品质。相当数量的大学生认为奋斗是"有限"的(奋斗不能改变命运),奋斗是"自我"的(奋斗只是为了实现个人价值)。个别大学生还表现出萎靡不振、愤世嫉俗、精致利己的状况。一些学生甚至将学生的身份置之不理,将学习的主业完全丢在脑后,热衷于追求享乐或经济效益。

三、营造积极健康的校风、教风、学风

营造积极健康的校风、教风、学风,要始终坚持立德树人的根本目标,发挥三者的思想政治教育功能。要毫不动摇地坚持党的领导,统合各方面资源,以党风引领校风和学风,使教风与学风相互促进,激发高校师生的主体性,形成校风、教风、学风建设的长效机制。

首先,高校校风、教风、学风建设要充分发挥党建引领的作用。党政军民学,东西南北中,党是领导一切的。中国共产党是中国特色社会主义事业的领导核心,高等教育事业是为中国特色社会主义事业服务的,坚持党的领导是确保社会主义办学方向的根本保证。办好社会主义大学的校风、教风、学风建设,关键在于坚持党的全面领导。高校要确保党的领导对高校各个条线

工作全覆盖,实现第一课堂、第二课堂协同发展,做好教学、教材、科研、文体工作,提升高校思想政治教育效能。方向决定道路,道路决定命运。正确的办学方向是校风、教风、学风建设的根本问题。我们的高校是社会主义大学,以马克思主义为根本指导思想,这是校园文化建设的底色和基础逻辑。建设健康积极的校园文化,是高校思想政治教育工作的目标,是培养合格的社会主义建设者和接班人的题中应有之义。只有始终坚持党在高校的全面领导,才能正确处理好"为谁培养人、培养什么人、怎样培养人"这个教育的根本问题。高校各级党委要紧抓两个"责任制"的落实,开展经常性的共产党员先进性教育活动,对教师形成思想引领和制度约束,在教学、科研、道德、行为方面提出明确的规范要求,通过党风引领教风。高校要持续加强党风廉政建设,结合高校教风建设的现实情况,有的放矢地改进校风。高校要发挥优秀师生、模范党员带头作用,大力宣传典型人物,形成标杆、榜样。

其次,要激发高校师生参与校园文化建设的主体性。高校师生既是良好校园文化建设的受益者,同时也是校风、教风、学风建设的参与者。教师是立教之本,教师的教风是高校校风的重要体现,对学风建设起到重要的影响。习近平总书记强调:"评价教师队伍素质的第一标准应该是师德师风。师德师风建设应该是每 所学校常抓不懈的工作。"[①]高校要通过完善制度规定,强化日常教育督导,全面提高教师的职业理想、职业道德、学术规范。通过优秀师德典型示范宣传,形成创先争优的群体氛围。高校要不断完善具有可操作性的、科学合理的师德师风考评方式,将师德师风建设作为教师个人、学科、学校工作考核评估的重要指标。高校要健全监督机制,畅通监督通道,公开监督信息,推动学生、教研室、课题组、院所等群体组织共同发挥监督作用。一方面,要对积极、正面的行为进行鼓励和宣扬,以期形成"头雁效应"。

①　习近平.习近平在北京大学师生座谈会上的讲话[N].人民日报,2018-05-03(02).

另一方面,要严肃处理有损校园教风、学风的不良行为,发挥警示震慑作用,形成良好的制度环境。此外,也要充分激发学生参与积极校园文化建设的主体性。从人数上看,大学生在校内各类型人群中占比最高。高校应该培养优秀大学生思想政治工作队伍,包括学生兼职、辅导员、学生干部等,造就一批积极健康校园文化的认同者、践行者,并发挥对他们的示范和带动作用,发挥朋辈教育在校园文化建设中的功能。高校要积极利用各类学生组织,如学生会、社团、项目组等,让学生在自组织中形成团结、奋进、积极的文化。学生会等学生组织应该主动遵循校园文化建设的规范规则,通过更贴近大学生需求的活动形式,为积极学风的形成发挥积极作用。

最后,要充分发挥校内外资源的协同作用。校风、教风、学风建设是一项系统工程,不仅需要教师和大学生的自我约束和努力,更需要学校党委的全面领导。此外,学校教学、科研、后勤等各部门的统筹协调一致,对于校园文化建设具有重要影响。高校教学管理部门要抓住课堂和教材,确保习近平新时代社会主义思想进教材、进课堂、进头脑;人事管理部门对师资队伍建设工作要常抓不懈,不断根据最新政策和实际问题调整具体的管理举措;后勤管理部门要抓好生活园区、校园景观等工作,通过文明宿舍评比、校园绿化造景等措施助力校园文化建设等。同时,高校在坚持正确政治方向的前提下,要主动、积极地利用校外资源,包括社会上的人力资源、各类组织资源,充实校园文化建设的队伍。高校可以经常开展高雅文化进校园等活动,引入各类先进文化资源,为大学生提高思想道德素质创造机会和条件。

总之,建设积极健康的校园文化,既需要认真贯彻落实党中央、教育部的政策规定,又要充分发挥主动性,通过制度建设、载体建设等方式,发挥校内外资源的育人功能。以浙江大学为例,浙江大学将学风建设贯穿于人才培养全过程,形成了"以育人为根本、以学生为主体、以教师为主导"的学风建设工作体系。在学校层面,浙大成立学风建设工作领导小组,统筹全校学风建设、学术规范制定等各项工作。发挥学术委员会作用,强化对学校学术领域重大事项的审议、评价、咨询和监督功能。建立学术不端行为查处工作小组,查处各类学术不端行为,加强自查自警自纠机制建设。结合《浙江大学章程》的颁布实施,着重在学风建设机构职责、学术行为规范、调查处理程序、工作监督等方面制定和修订了一系列规章制度,进一步明确学生、教师在学术行为中的活动准则和规范要求,确保学风建设有章可循、有规可依。从对象层次上,实现分层分类的学风建设全覆盖。在本科生层面,开通"学风建设网",开展系列学风建设活动,实施"新生特别教育计划""新生之友"寝室联系制度,构建师长、学长和家长联动的学业帮扶机制,强化学业辅导、成长训导、生活指导和文化引导,帮助本科生树立诚信意识、培育优良学风。在研究生层面,开展新生学术规范考试、学术诚信仪式教育,新生始业教育校长报告会,研究生学术规范宣誓活动等,教育研究生遵守学术诚信、注重学术规范。在教师层面,通过举办学术道德主题的学术高端论坛,加强学术诚信的国际交流和研究;组织学习《高校教师职业道德规范》,为新进教师配备优秀的职业导师,做好"传帮带"。在学风建设中,注重党的宣传教育方式,选树先进典型,示范引领优良校风。结合师生喜爱的文化元素,通过编排话剧等形式弘扬学术楷模的正能量。[①]浙大的校园文化建设,对于同类高校的校园文化建设工作具有启发意义。

---

① 浙江大学.浙江大学积极推进校园学术文化建设[EB/OL].http://www.moe.gov.cn/jyb_xwfb/s6192/s133/s192/201604/t20160427_241106.html.

第三节　校园文化育人之"特色校园文化"："一校一品"促繁荣

高校校园文化形成于高校的历史发展之中，在形成过程中，受到社会环境、经济发展水平、学校办学资源等多种因素影响。高校校园文化是高校成长与发展的积淀，具有相对稳定性它体现高校自身的文化特色，彰显高校的办学理念和价值追求。良好的高校校园文化被高校的绝大多数成员所认可，并受到社会公众的尊重。高校校园文化是一所高校的灵魂，它不仅能让高校的师生们产生强烈的归属感、认同感和荣誉感，也是激励师生、高校不断发展和进步的动力来源。除了精神力量外，校园文化也涉及物质基础，如高校的楼宇、雕塑、景观等建筑往往会彰显高校的特色。这些硬件设施是高校校园文化的一种外显性、物质性表现，是能够被师生们"看得见、摸得到"的校园文化。此外，校园文化还包括制度文化，高校里的规章既是治理学校的政策文本，更是一所学校办学理念的综合反映。制度的价值指向与文字使用、语意呈现均是校园文化的外显形式之一。高校校园文化建设既要尊重文化建设的一般性规律，也要挖掘本校特色，突出本校特点。

一、特色校园文化建设要遵循一般性规律

高校是社会主义文化建设的重要场域，校园文化是中国特色社会主义文化的重要组成部分。校园特色文化的发展，是高校实现立德树人根本任务的基础性保障。校园文化对于高校思想政治工作意义重大。高校应立足中华优秀传统文化、革命文化和社会主义先进文化组成的大文化系统，积极探索

校园特色文化,通过大文化与小文化的相互作用,营造高校育人软环境,以文化浸润学校师生,实现高校思想政治教育的不断突破。

文化作为一种精神力量,其形成与发展都是基于一定的社会实践,一旦形成后又具有相对独立性。校园文化是在长期教育实践中积淀而成的一种内在品质,是一所高校办学传统与精神文化结构的重要部分。同时,校园文化具有开放性。校园文化的形成与演变不局限于高校本身系统内部,也与社会文化、时代文化发生相互作用。高校校园文化具有继承性、创新性、包容性、多元性、先进性等特征。高校校园文化建设首先应当根植于中国大地,以习近平新时代中国特色社会主义思想为指引,明确新时代高校校园文化的具体内涵,通过讲好中国高校故事,建设健康积极的校园文化。

新时代高校校园文化建设要突出政治性,坚持马克思主义在高校校园文化建设中的指导地位。马克思主义是中国共产党的指导思想,始终坚持马克思主义的指导地位意义重大。高校校园文化建设的底层逻辑是为了更好地实现高校立德树人的教育目标,实现培养中国特色社会主义事业建设者和接班人的任务。因此,高校校园文化建设必须符合社会主义核心价值观,始终坚持以马克思主义为指导。高校推进校园文化建设,要用习近平新时代社会主义思想铸魂育人,引导大学生增强"四个意识",坚定"四个自信",做到"两个维护",始终在思想上、政治上、行动上与党中央保持高度一致。高校校园文化建设要引导学生树立共产主义远大理想,引导学生关心国家、民族命运,肩负起实现中华民族伟大复兴的历史使命。高校要善于通过第一课堂、第二课堂向学生讲授马克思主义科学理论,让学生深刻认识马克思主义在中国的发展历程,为个人成长成才奠定正确的思想基础。

新时代高校校园文化建设要突出学术性,以学术为基促进校园文化建设。大学承载着知识传承和创新的使命。学术性是大学有别于其他社会组织的重要特征,是大学的本质特性之一。高校拥有优于社会其他组织的学术资源,学术活动类型繁多。这是高校开展校园文化建设得天独厚的条件。高校要通过繁荣学术活动,把握学术活动的方向性,更加广泛、深刻地对教师和学生产生影响。高校应当根据不同学科的特征,确立校园文化与学术活动的融合方式,从日常性、特色性的学术活动中,挖掘校园文化的介入方式,进而形成具有学校文化特色的学术活动。

新时代高校校园文化建设要突出育人性,以大学生的全面自由发展为目标遵循。影响大学生思想意识的因素有很多,如人际关系、生活境况等。但是文化对人的影响是最深远和最深厚的。大学时期是人生发展的"拔节孕穗期"。在这一阶段,绝大多数的学生们会形成、确立自己的世界观、人生观、价值观。积极健康的高校校园文化有助于引领学生们形成正确的世界观、人生观、价值观,为其提供走向未来人生的指引。因此,校园文化建设要从育人规律出发,遵从教育的一般性规律。同时,开展思想政治工作也要因材施教,对不同年级、不同专业、不同志趣的大学生,开展具有针对性的文化建设活动。

二、特色校园文化的发展

高校校园文化建设作为一项文化工作,要处理好普遍性与一般性的关系。在遵循校园文化建设的一般规律基础上,高校要基于自身特性建设具有自身特色的校园文化。

第一,充分发挥高校校史的育人功能。校史是对一所高校发展历程的解说,也是对一所高校特色校园文化的解释。文化产生于社会实践之中,经过漫长的时间沉淀而成。不同高校由于不同的发展机遇形成了各具特色的校史文化。校史文化反映了共同的理想诉求,能够凝聚一所高校师生的共识与力量。高校校史是重要的育人资源。例如,北京大学校园文化的核心就是"北大精神"。百年来,北大精神代代传承,激励着师生继承和发扬"爱国、进步、民主、科学"的传统,高擎爱国进步的旗帜。再如,厦门大学是爱国华侨陈嘉庚所创建的高校。厦门大学挖掘以陈嘉庚为代表的先贤事迹,围绕陈嘉庚的爱国思想和崇高风范创造了一系列的文化品牌和文化标签。近年来,厦门大学围绕陈嘉庚推出"嘉庚"号海洋科考船,排演校园原创话剧《陈嘉庚》,形成了自身的文化品牌,带领师生感受到前辈追逐教育救国强国理想的光辉历程,取得了良好的社会效益。

第二,挖掘地方特色与特色校园文化的关系。地区文化是指人们在这一地区发展历程中创造的全部物质财富和精神财富的总和,包括生活在该地域的人们的知识水平、精神追求、行为规范、风俗习惯等。地区文化是一部地域发展史、文明史和奋斗史,有着独特的基因和底色。文化的开放性使得校园文化的发展必然受到地区文化的影响。同时,校园文化也承载着引领当地文化的责任。在当前"开门办大学"理念的推动下,校园文化与地区文化的交互性呈现出交融互动的态势。我国幅员辽阔、地大物博,不同地区各具特色。各地丰富多样的文化形态、模式、实践,为高校文化建设提供了宝贵资源。从思想政治教育的资源类型看,地方文化资源可以分为红色文化、城市文化等。红色文化是产生于革命战争年代,由中国共产党人、先进分子和人民群众共同创造的先进文化。红色文化以爱国、拼搏、奉献、进步等为价值追求,具有鲜明的中华民族特色,蕴含着厚重的历史文化内涵。延安精神、井冈山精神是红色文化的具体体现。城市文化是一个城市在发展历程中形成的独特风貌,是一个城市区别于其他城市的标签。例如,上海的城市文化特质被阐释为"海纳百川,有容乃大",成都的文化特质被阐释为"创新创造、优雅时尚、乐观包容、友善公益"。这些城市文化与高校校园文化相互影响,对高校建设校园文化具有重要启发意义。

将高校文化与地区文化相结合,不是将校园文化简单地与一种地区文化糅合。地区文化的形态多样、内涵丰富。高校在有意识地挖掘、利用地区文化时,应当充分考虑、斟酌,选取健康向上的地区文化服务校园文化建设。高校在借鉴地区文化时,应该在充分理解、认识地方特色文化的基础上,对地方特色文化进行合理的利用,寻找能够与本高校文化相适应、融合的内涵与精神,将其作为地方高校思想政治教育工作的有力支撑。

第三,突出学科属性形成特色校园文化。从学科构成上看,高校可分为综合性大学、单一学科大学。单一学科大学虽然不具备综合性大学的文化多样性优势,但是却具有突出的学科属性,更能呈现强烈的校园文化特色。高校的特色校园文化活动应与学科专业充分结合,发挥专业知识润物细无声的教育功效。例如,医学院鼓励大学生遵循学校的优良传统,坚持以人为本,鼓励学生甘于奉献,有大局意识,严守政治纪律。一些医学院在实验楼中摆放李时珍的雕像,并将中外著名医生的画像和名言警句进行陈列展出。相当多医科大学将“博学博爱,精益求精”作为学校的校训,将“教必至精至诚,师必至善至仁”作为学校教师的教风,将“学则精于术业,习则诚于知行”作为学生的学风,将“玉汝于成,至善弘医”作为学校的校园精神。

再如,中国人民警察大学作为公安部直属高校,主要为公安机关培养新型警务人才,为国家移民机构培养出入境管理人才,为公安国际执法机构培养国际执法合作人才,为联合国维和事业培养维和警务人才,为消防机关培养消防类人才等,有着鲜明的学科特色。该校校训为“进德修业,精武博文”。在打造校园文化时,该校紧紧围绕“公安文化”来建设育人文化体系、形成育人特色。以“忠诚”为内核的精神文化、以“执行”为内核的行为文化和以“和谐”为内核的景观文化共同构成了该校校园文化。为了将以“忠诚”为内核的精神文化渗透进学生头脑之中,该校经常组织大学生走访慰问公安英模、瞻仰革命圣地、祭扫烈士陵园。此外,该校还树立了“全国优秀大学生”陈洲贵、“中国好人榜”王乐川等一批先进典型。为了让大学生更好地理解以“执行”为内核的行为文化,该校出台了《行政管理工作规定》《手机保密管理“十个严禁"》等多项管理制度,开展了"正规化建设年"主题活动、纪律作风专项整治活动等,强化令行禁止的基本素养、闻令而动的基本作风、守纪如铁的纪律观念。同时,该校从自身文化传统和历史积淀中挖掘根脉,建造校友墙、校史馆、名师路等场所,形成教室文化、走廊文化、阵地文化,打造以"和谐"为内核的景观文化,努力实现校园场馆使用、审美、教育功能的统一。该校还通过举办"英模进校园"等主题活动,坚定学生理想信念,通过举办"中青视野大讲堂""精武杯"技能比武大赛等品牌活动,强化学生专业能力素质。此外,该校结合学科特色,创设了一批文化育人品牌,包括边防"砺剑"、消防"浴火"、警卫"刀锋"、维和"蓝盔"等公安实战化训练品牌。该校还抢占舆论高地,从文化育人视野加强学校门户网、广播站、电视台、微信公众号等平台建设,塑造了"警大风云榜""警大故事长廊"等全媒体宣传文化活动。①中国人民警察大学的校园文化建设,为其他高校的思想政治工作提供了参考。

第四节　校园文化育人之"原创文化精品":
师生共创扩影响

高校师生是校园文化的主要创造者和传播者,优雅、健康、积极的高校校园文化需要教师和学生同向发力。原创文化作品是文化创造活力的集中体现,是促进和繁荣文化发展的根基和原动力。在校园文化建设中,鼓励、吸引高校师生投入到原创精品的创作中来,能够使师生更主动地学习、思考、实践先进思想,并增强校园文化作品的可读性和可感性,进而取得良好育人效果。

---

① 中国人民警察大学.中国人民警察大学深入实施校园文化铸魂工程　着力提升文化育人质量[EB/OL].http://www.moe.gov.cn/s78/A12/gongzuo/moe_2154/201812/t20181224_364647.html.

一、师生原创文化精品的基本要求

高校师生原创文化精品的首要原则是原创性。作品必须是高校师生自主创作生产的、较为成熟的文化作品。大学是文化发扬和思想激荡的重要场所,大学的精神生活是丰富而多彩的。20世纪80年代,伴随着改革开放对社会风气和个人精神状态的影响,高校原创校园音乐承载着青年大学生的梦想,传递着对国家、民族和个人发展前途的美好憧憬,如雨后春笋般发展起来。当时北京、广州等地的大学生是校园原创歌曲的主要创作力量。这些歌曲成为那一代大学生的重要精神食粮,也成就了一批至今影响中国音乐发展的创作人和歌手。

高校师生原创文化精品的根本性要求是思想性,即原创作品应聚焦时代主题,坚守中华文化立场,传播社会主义核心价值观,讴歌党、讴歌祖国、讴歌人民、讴歌英雄,弘扬主旋律、唱响正能量。以北京舞蹈学院的原创舞剧《井冈·井冈》为例,该剧以井冈山斗争的时间顺序为线索,通过讲述毛泽东、朱德带领两支队伍会师井冈,第五次反"围剿"失败后战略转移的历史故事,展现了革命战争时期红军和人民群众对信仰的坚定和对解放的渴望。该剧选取了井冈会师、十送红军等真实素材,并进行了艺术化呈现,成功实现了井冈山精神在艺术中的具象化,激发了新时代青年大学生的爱国、爱党情感。坚持思想性的基础、鼓励原创校园文化作品,才能呈现出以立德树人为核心的育人导向性,才能达到以文化人、以文育人,形成全员、全过程、全方位育人实效。

高校师生原创文化精品需要艺术性和创新性。文化作品是满足受众精神需要的重要载体,高校原创文化作品应该主题鲜明、情感真挚,符合广大师生的审美需求,展现出较高的艺术水准和欣赏价值。原创文化精品要艺术地呈现、传达、叙述、演绎作品所承载的思想内涵、价值理念、精神力量、文化意蕴和美学品位,滋养广大师生的心灵,满足其精神需求和审美需要,从而达到春风化雨、润物无声的教育效果。要努力实现观念和手段相结合、内容和形式相融合的深度创新,提倡体裁、题材、形式、手段创新,推动理念、内容、风格、流派切磋互鉴。

总之,师生原创文化精品是"三全育人"背景下开展思想政治教育工作的重要方式。高校要善于引领师生的广泛参与,更大限度地激发师生主体性,创作出更多立场正确、符合时代和师生审美需求的原创歌剧、舞蹈、音乐、影视等文艺精品。高校应发挥原创文化精品的影响力和辐射力,引领社会风尚,推动文化繁荣发展。

二、当前高校师生原创文化建设的总体情况

2018 年,教育部出台《高校思想政治工作质量提升工程实施纲要》,推广一批高校原创文化精品力作,启动实施"高校原创文化精品推广行动计划"。2018 年,中央财政设立高校思想政治工作专项资金,提升高校思想政治工作的管理能力、服务水平和工作质量。除了专门性的推广行动计划外,教育部还利用重要时间节点,举办专门活动来推动师生积极创作优秀原创作品。如教育部联合中央网信办等部门组织开展了"全国大学生网络文化节"和"全国高校网络教育优秀作品推选展示活动",支持鼓励师生创作一批弘扬包括雷锋精神等在内的主旋律原创作品。师生们通过创作微电影作品、摄影作品、网文作品、动漫作品等,营造了积极健康的文化氛围。可见,从政策、资金到载体、资源,国家教育主管部门对高校师生开展原创文化建设工作进行了全方位的支持和推动。

在管理部门的高位推动下,各高校认真落实了有关政策。高校积极组织

师生参与各类专项活动和主题活动,搭建了校园原创文化建设的多种载体。例如,上海 2018 年起创办了"上海大学生校园歌会",每年都有十余支来自上海各高校的大学生团队演绎原创歌曲和经典曲目。再如,上海交通大学结合"一校一品"的特色校园文化品牌,促进了原创文化的繁荣。新中国"两弹一星"元勋钱学森是上海交通大学的校友。上海交通大学根据钱学森的生平创作了话剧《钱学森》,并围绕钱学森的成长经历、学习目标、责任担当、精神追求及教育思想制作了一批音视频作品,形成了一个原创作品矩阵,用老一辈科学家学成归国报国的经历,向青年大学生传递爱国、责任等主流价值。话剧中的台词"我的祖国给了我生命和智慧,如果我的爱能对祖国有一点点贡献,我将百死不辞,毕生有幸"成为震撼师生心灵的话语。再如,近代力学事业奠基人之一、"两弹一星"元勋郭永怀是青海师范大学校友。该校因此组建了"两弹一星"精神研究院、"两弹一星"精神展览馆、"两弹一星"精神师生宣讲团,创作了以郭永怀先生为原型的师生原创话剧《永怀之歌》,形成了该校"一剧一院一馆"的红色基因名片。

　　高校师生是原创文化的创作主体,他们在创作需求和外部环境的积极推动下,创作出大批具有代表性和号召力的校园原创精品。师生们的原创作品既有贴近大学生校园生活、亲切自然的校园题材,也紧紧把握时代主题和热点问题,以戏剧、视频、文学等各种形式传播主流价值观念。例如,海南大学地处海岛,有鲜明的海洋特色,海南大学师生创作了舞蹈《把蓝色还给海洋》,围绕生态文明建设的时代主题,用舞蹈凸显白色污染给海洋生物带来的生存危机,向观众传递出重视海洋环境保护的急迫性和重要性,呼吁人们保护海洋和生态。这个原创舞蹈获全国第六届大学生艺术展演活动艺术表演类甲组一等奖和优秀创作奖,得到了专家学者的认可。此外,在抗击新冠肺炎疫情期间,全国各地高校教师也创作了各类作品。这些作品既有抗疫歌曲、诗歌,也有篆刻、油画等。有的高校教师结合当地文化特色创作出了成功的艺术作品,如安徽安庆师范学院教师以传统戏曲艺术黄梅大鼓,讴歌为抗疫作出巨大奉献的医务工作者和广大志愿者。

同时,校园文化创作也存在一些不容忽视的问题。一是投入原创作品创作的师生数量还有待提高。目前,各高校的原创校园文化精品创作者以音乐、设计、美术等特定学科的师生为主,其他专业的师生参与不多。教师和大学生的自组织发挥效力不足,很多作品的创设与组织只有特定的师生群体参与。二是现有的原创作品传播平台建设还有待于进一步完善。现在,高校师生原创作品主要以行政力量驱动为主,社会力量介入不足,高校主动搭建平台和载体的能力还有待提高。三是运用先进技术创作校园文化精品的成效还不够。在科技快速发展的今天,信息科学技术与文化作品的融合是新型文化产品的生长点,将人工智能、增强现实、虚拟现实等技术应用于文化创作场景中,能够为文化作品带来新的呈现形式和意义。目前的校园文化原创作品还是以传统的诗歌、歌曲等为主,缺乏创新。四是校园文化原创作品的传播效果还有待进一步提高。微博、微信、抖音等自媒体已经成为人们获取信息的最常用渠道,原创文化作品传播方面具备了良好条件。但互联网海量信息也对校园文化构成了冲击,原创文化作品必须加强传播力,让精品展示到人前,才有可能去产生文化育人的作用。

三、加强高校原创文化建设

加强高校原创文化建设要从师生日益增长的文化需求入手。"社会主义文艺是人民的文艺,必须坚持以人民为中心的创作导向,在深入生活、扎根人民中进行无愧于时代的文艺创造。"①高校师生原创作品要有鲜明的思想

---

① 习近平.习近平谈治国理政:第三卷[M].北京:外文出版社,2020:34.

性,要聚焦时代主题,要坚守中华文化立场、传播社会主义核心价值观。因此,作品要围绕新时代新思想,向大学生和社会大众传播马克思主义的本质内涵和中国化成果,满足大学生和公众对于先进理论武装的需求;作品要在中华优秀传统文化、革命文化和社会主义先进文化基础上进行创作,传承中华民族的文化文明基因,提升大学生对中华文明的认同感和归属感;作品要围绕高校师生的具体生活需要,创作具有奋斗性、激励性的作品,鼓舞师生的斗志。

要系统挖掘校园原创文化发展原动力。文化创作的繁荣除了师生本身的动力之外,还需要制度的支持和环境的推动。目前,尽管高校师生原创文化整体成效显著,但是不同高校文化建设水平参差不齐。有部分高校还因为主观重视不足、能力不够或外部条件不匹配等原因,还没探索出具有可操作性的有效路径,仅仅将原创文化工作作为其他工作的点缀,因循守旧、固步自封,按照不合时宜、不具实效的方式开展工作。因此,高校亟须系统激发校园原创文化的原动力,聚焦高校的学术研究、教育教学、师生生活,从师生的需求出发,将师生原创文化建设作为学校开展"三全育人"的重要突破口。高校党委要发挥领导作用,教学科研后勤等部门要整体协作,鼓励各相关专业师生广泛参与。高校要充分调动社团等校园组织的主体性,这些以趣缘为基础的组织往往凝聚着旺盛的原创力。高校要广泛调研了解师生的所思所想,将师生关心的、需求的问题通过文化作品的形式展现出来,用高质量的文化作品满足师生的精神需要。

要进一步加强校园原创文化传播。为了更好地发挥校园原创文化对大学生的影响、实现优秀校园文化对社会文化创新发展的引领作用,高校要为创作者提供展示平台。高校要充分认识多元媒介形式尤其是自媒体对塑造校园原创氛围的作用,利用校园官方媒体和自媒体创设热烈的原创氛围。高校要坚持"引"大于"控"的原则,鼓励大学生在自媒体平台创作积极的、先进的校园文化。高校既要坚持举办常规的原创作品竞赛、展览、晚会等活动,也要积极推荐原创精品在主流媒体平台上展示。此外,高校还要积极探索线上线下相结合的校园文化宣传方式,利用新媒体技术,将校园原创文化的传播与受众的观赏、评论等互动元素相融合,使作品产生更大的影响。此外,高校要善于结合所在地的需求,结合地区的文化需要,用校园原创文化服务地区发展,发挥文化精品的地区辐射作用。

第三章 网络提效：占领工作全场域

"加强网络育人"是高校思想政治工作日常教育体系的四项主要内容之一。"网络环境"创造了人类新的生活空间。当代青年大学生几乎是无人不网、无日不网、无处不网，网络生活已经成为其日常生活中难以缺少的一环。[①]可以说，在进入新时代以后，谁赢得了互联网，谁就赢得青年。坚持党对意识形态工作的领导权，积极营造风清气正的网络空间，建好用好管好校园网络媒体，发挥网络育人作用，是高校加强和改进思想政治工作的必然要求。习近平总书记在 2016 年全国高校思想政治工作会议上提出："运用新媒体新技术使工作活起来，推动思想政治工作传统优势同信息技术高度融合，增强时代感和吸引力。"[②] 2017 年，中共中央、国务院联合印发的《关于加强和改进新形势下高校思想政治工作的意见》强调思想政治传统优势与信息技术融合的理念。同年，教育部发布《高校思想政治工作质量提升工程实施纲要》，将网络育人纳入"十大育人"体系，为高校开展网络育人工作提出了更为清晰的指向。

[①] 《十谈》编写组.加强和改进新形势下高校思想政治工作十谈[M].北京:人民出版社,2017:43.

[②] 习近平.习近平谈治国理政:第二卷[M].北京:外文出版社,2017:378.

第一节 网络育人的理论基础和现实意义

当前,互联网在成为大学生重要生活空间的同时,也同时成为高校思想政治工作的最大变量,正所谓"政治工作过不了网络关就过不了时代关"[①]。互联网作为一种新兴媒介形式,不仅创新了思想政治教育信息的传递手段与方式,还改变了大学生群体的互动沟通形态、学习生活状态和认知思维形成。许多新情况、新问题依然因网而生、因网而聚、因网而增,迫切需要高校思想政治教育工作者提高对互联网场域的认识,掌握、运用新媒体和新技术,以教育学、传播学、思想政治教育学等科学理论为指导,扎实推动高校思想政治工作传统优势同信息技术相融合,使高校思想政治工作的网络育人切实发挥实效。

一、网络育人的理论基础

网络育人的理论关怀来自于马克思主义哲学、政治学、哲学等多学科。尤其是现代传播理论的迅速发展,为网络育人提供了宽广的成长空间。互联网技术与传播理论都是马克思主义思想政治教育的重要工具。政治学、传播学、管理学等多领域的学者都关注到传播理论在思想政治教育领域尤其是高校思想政治教育领域中的重要作用。

(一)马克思主义经典作家重视以宣传进行动员

马克思、恩格斯是在 19 世纪工业革命催生的信息技术革命中开始革命

---

① 中共中央文献研究室.十八大以来重要文献选编:中[M].北京:中央文献出版社,2016:205.

探索的,他们注重于将主张和观点通过大众传播的形式获得革命支持,他们的大部分著作都是以通讯稿件、印刷报刊、时政电报等形式发表的,有西方研究者把他们称为"具有革命性的政治信息工作者"①。随着巴黎公社的失败,马克思、恩格斯意识到信息技术的重要作用,意识到报刊不仅是"社会舆论的产物,同样地,它也制造这种社会舆论"②,因而更加坚定了大众传播媒介一定要掌握在工人阶级手里。马克思是《新莱茵报》的核心人物,报纸所刊登的每一篇文章都由马克思亲自拟定,同事的任务也由他亲自安排,每天来自各地的最新消息也是他整理分析。报纸所刊登文章中最核心的部分即关于国内外政治事件的战略性思想,都是马克思自己阐述的,"从而使《新莱茵报》从创刊号到终刊号具有无与伦比的内在完整性,并始终发挥着有别于同一革命年代其他民主派报纸的独特的革命影响"③。马克思、恩格斯一生都没有离开过报刊工作,有研究者统计,他们创办和编辑的报刊有 13 家,为 200多家报刊撰稿。④由此可见,马克思主义经典作家很早就认识到了舆论传播在思想政治教育中的重要地位。在马克思主义指导下建立起来的中国共产党也最大限度地发挥了舆论的力量。革命战争年代,中国共产党在坚持军事斗争的同时,一方面重视在党内党外加强思想政治教育的效果,一方面利用报纸、墙报等宣传媒介和载体对国内外反动派进行揭露和驳斥,强调"共产党是左手拿传单右手拿枪弹才可以打倒敌人的"⑤。进入新时代以来,中国共产党更加注重继承红色基因、传承党的优秀工作传统,将宣传思想工作作为

---

① 克里斯蒂安·福克斯,文森特·莫斯可主编.马克思归来[M]."传播驿站"工作坊,译.上海:华东师范大学出版社,重庆出版社,2016:458.

② 马克思恩格斯全集:第 1 卷[M].人民出版社,1956:231.

③ 海因里希·格姆科夫.马克思传[M].易廷镇,侯焕良,译.北京:人民出版社,2000:123.

④ 陈力丹.马克思和恩格斯丰富的新闻实践和新闻思想[J].中国广播电视学刊,2018(04):16-20.

⑤ 中共中央文献研究室,中央档案馆.建党以来重要文献选编:1921—1949:第五册[M].北京:中央文献出版社,2011:637.

党的重要工作内容,紧紧抓牢马克思主义的核心指导地位。

(二)迅猛发展的网络传播学为思政工作提供理论指导

20 世纪 90 年代初,互联网新媒介兴起,并在最初被视为在印刷品、广播、电视之后的"第四媒介"。而随着人们对网络媒介的认识逐步深入,越来越多的人认识到,网络媒介不单单是序位上的第四位,而且是一个新的传播、沟通方式的变革。网络媒介的出现,使传统的传播理论和传统的大众传媒受到了前所未有的挑战。一方面,旧的传播理论需要适应传播科技的发展和传播形态的变化;另一方面,新的传播实践也需要传播理论的创新和发展,这就对传播学研究提出了许多前所未有的新课题,从而催生了网络传播学的发展。学者们对网络传播的理论与实践两部分进行研究,试图呈现出网络传播更深层次的机理。于是,网络媒介的技术特征及网络媒介工具史、网络传播的基本原理和特性、网络传播的控制分析(网络传播与传播制度、政治经济、伦理道德、法制建设等的关系)、网络传播的工具分析(网络媒介的社会功能和作用)、网络传播的受众分析、网络传播的效果分析等迄今都是网络媒介理论研究的热点。而在网络传播的实践研究中,传播学中许多经典的实证研究的成果,如"把关人"理论、"议程设置"理论、"使用与满足"理论、"两级传播"理论、"沉默的螺旋"理论……都可能在新的传播条件下被重新验证和诠释。[①]这些丰富的传播学理论成为大学生网络育人工作的重要理论工具,帮助思想政治工作者更清晰地认识互联网及其生态环境,分析大学生在网络新媒介中遇到的机遇和挑战。

(三)主体间性在思想政治工作领域的运用

20 世纪,主体间性这一概念在西方哲学界引发了广泛讨论。在学术史的

---

① 曾长秋,万雪飞,曹挹芬.网络内容建设的理论基础与基本规律[M].北京:人民出版社,2017:131.

脉络中,主体间性这一概念首先肇始于胡塞尔的现象学哲学。其中,社会学、存在主义哲学等学者也关注了这一话题。在哈贝马斯的《交往行为理论》一书中,主体间性这一概念得到进一步的阐释。

目前,国内学界对于主体间性的理解也趋向统一。虽然不同学派的学者观点各异,但学者围绕主体间性这一概念达成了基本共识。首先,主体间性这一概念超越了既有主体性概念,挣脱了主体性概念的桎梏。其次,主体间性不同于强调单一一方的主体性,而是侧重于多个主体间的对话与合作。最后,主体间性存在于多个主体,这一概念承认多个主体的存在。基于此,主体间性这一概念的含义可以理解为主体和主体之间的统一性和交互性,是多个主体在交往实践中共同作用给客体时彰显的关系属性。主体间性是处于交往实践中的,这意味着主体间性首先承认个体的主体性存在。如果不具有个体性,那么也就不具有多主体。同时,主体性离开主体间性就难以存在。缺乏主体间性,个体的主体性就没办法充分得以彰显。正如社会学家米德所说,个体是由主我和客我交互形成的,没有他人即没有自我。但是承认主体性并不意味着主体性与主体间性是一致的。在实践中,主体间性存在于交往实践,而主体性则存在于特定的对象化的实践活动之中。实际上,只有尊重主体间性的存在,才能有效突破主体性的局限,使每个个体成为自由而平等的人。哲学史上从主体性到主体间性的理论突破,不仅意味着人类世界认识论的突破,也意味着人类世界生存方式的突飞猛进。主体间性是对主体性的扬弃,是主体性发展的高阶形态,是人与自然、社会的真正的统一。

伴随着主体间性概念在哲学领域的全面铺开,这一概念也迅速引入了思想政治教育领域。在网络育人的研究场域中,主体间性意味着多个主体共同作用于教育客体,进而形成了各个主体间的关系属性。网络育人的主体间性侧重于研究主体如何以平等的地位与另一个主体基于特定教育客体,展开充分互动与相互作用。具体而言,网络育人领域的主体间性包含以下双重内涵:

第一,网络育人中的教育者与受教育者均是主体。一方面,网络育人的教育者是主体,这意味着,网络育人的教育者需要制订网络育人的计划与方案,确定网络育人的方法与手段,制定网络育人的制度与政策。教育者的主体性首先表现在教育前与教育过程中。只有具有了主动性、目的性,网络育人的教育活动才会产生精准的教育效果。另一方面,网络育人中的受教育者也是重要的主体。网络育人的受教育者主要表现在个体参与网络育人活动中的主动性与创造性,即主动参与网络育人活动和接受教育内容这一环节上。

第二,网络育人实践,也即网络育人的具体活动构成了网络育人教育者与受教育者的中介。这意味着,网络育人作为一种改造人类思想的社会实践活动,是教育者与受教育者作为平等个体充分互动的精神交往行为。因而,网络育人的教育者与受教育者之间的有机联系,即构成了网络育人中的主体间性。

二、网络育人的现实意义

进入新时代以来,互联网已经进入第五代移动通信网络(5G)时代,中国互联网络信息中心(CNNIC)发布的第 49 次《中国互联网络发展状况统计报告》显示,截至 2021 年 12 月,我国网民规模达 10.32 亿,较 2020 年 12 月增长 4296 万,互联网普及率达 73.0%,拥有超过十亿的网民,中国已经成为世界上规模最大的数字化社会。①而在校大学生已经成为互联网用户中的绝对活跃用户,是名副其实的互联网原住民。互联网在高校大学生中已经形成了巨大的传播力和影响力。因而,网络育人作为高校思想政治工作的一种新形态,受到高校普遍的关注和重视。网络育人已经成为高校思想政治工作不可

---

① 中国互联网络信息中心.第 49 次《中国互联网络发展状况统计报告》(全文)[EB/OL]. http://www.cnnic.net.cn/hlwfzyj/hlwxzbg/hlwtjbg/202202/P020220407403488048001.pdf.

回避的话题。

（一）媒介技术快速发展催生网络育人

在传统媒体时代，思想政治教育工作者依赖报刊、广播、电视等媒介资源作为思想政治教育的工具与载体。传统的思想政治教育模式更多是基于单纯的主体性理念，具有较强的由教育者指向受教育者的单向灌输性。教育者需要拥有丰富的教育知识、工作经验，并将这些优势赋能思想政治教育工作，从而成功塑造受教育者的思想道德观念。在这种传统的思想政治教育工作中，师生关系主要表现为主体与客体的关系。在这一框架内，学生是单纯的受教育对象，而教师则占据强大的主导地位。这一模式虽然有利于教育者高效地传播思想政治教育信息，但单向的教育模式里思想政治教育的教育者和受教育者的地位是不平等的，不利于激发受教育者的目的性以及发挥主动性和创造性。

网络技术最大的特征是即时性、交互性、超越时空限制。只要有稳定的网络信号与特定的网络平台，每个具有一定网络素养的个体都能随时使用这一平台传播信息。在网络平台上，每一个个体都能成为一个即时的信息发布者，并利用网络平台实现信息的海量传播。媒介技术的发展促使既有的思想政治教育师生关系发生变迁。一方面，由于接受新鲜事物的能力较强，年轻的受教育者更容易充分掌握互联网技术。依托于手机、平板电脑、智能穿戴设备等媒介，受教育者可以与网络实现随时随地连通。受教育者只需要动动鼠标、滑滑手指，即可查询到海量信息。受教育者通过网络技术开拓了知识视野，更容易释放个体思考的主动性与创造性。另一方面，正是由于受教育者媒介使用能力的提升，教育者自身的地位也受到了动摇。在网络时代的思想政治教育工作场域中，教育者的知识储备未必高于受教育者。这意味着，原有不平等的师生关系发生了变化，基于知识储备或信息占有的师生关系走向更加平等。

在网络育人的场域中,学生既是网络育人的接受者,也是网络育人信息的传播者。这种新型的网络传播模式,既给传统的思想政治教育工作带来了挑战,也为思想政治教育工作提供了可能的机遇。面对这一形势,既有的思想政治教育工作模式、思想观念及工作力量已经不再完全适用,思想政治教育工作需要不断探索互联网社会的思想政治教育实现路径。而网络技术的发展,打破了传统的知识优势和资源优势,它使得每个人都生活在网络技术塑造的"拟态环境"中。再单纯依赖过往的教育方式,既不符合受教育者的需求,更是对资源的极大浪费和对教育规律的漠视。在这种情况下,媒介技术促使思想政治教育工作者做出反思,并进而调整思想政治教育的工作模式。网络育人即是顺应网络时代形势,积极调整思想政治教育工作的具体体现。

(二)网络育人具有突出的优势

突破了思政育人的时空限制。思想政治教育工作既有教育者对受教育者的教育,也有受教育者自发的教育,但无论何种形式,都要在具体的时空环境下发生。网络突破现实世界而存在,打破了原有的时空观念,过去、现在甚至未来的时间意义都在网络中得以实现。同时,教育工作的开展不再必需一个实体物理空间,人们不再需要舟车劳顿集中于一个地点,网络空间的公共讨论区、虚拟会议室、虚拟实验室、在线展览馆等都是开展思政工作的网络空间。

汇聚了思政育人的丰富资源。思想政治教育资源是在思想政治教育活动中,能够被教育者开发利用的、有利于实现思想政治教育目的的各种要素的总和。[①]任何思想政治教育工作的开展,都离不开对资源的依赖。思想政治教育工作资源从不同维度可以划分为不同类别,如从年代划分,可以分为古

---

① 陈华洲.思想政治教育资源论[M].北京:中国社会科学出版社,2007:34.

代资源、近现代资源、当代资源；从类型划分，可以分为物质资源与精神资源，或者社会资源与自然资源，等等。按照经典马克思主义对思想政治教育资源的理解，人民群众是思想政治教育最主要的资源，一切都是由人民群众创造的，在人民群众之中蕴藏着大量、丰富的思想政治教育资源。中国共产党三大法宝之一的"从群众中来，到群众中去"的群众工作路线，正是这个观点的经典运用。互联网因为具有海量的存储功能、多元的呈现方式等多种特性得以汇聚大量的思想政治教育工作人力资源、物质资源等，如关于对大学生进行延安精神的教育，网络上既有延安精神纪念馆，也有大量关于延安精神的档案资料、研究文献，还有活泼的影视剧作品等，除了呈现资源外，网络也同时提供了被教育者参与以及互动的平台，如学习强国手机软件，就是通过被教育者发表评论等方式来实现思想政治教育主客体的双向互动。

对接了大学生的使用习惯。当下在校大学生以"90 后""00 后"居多，根据调查机构贵士信息（QuestMobile）发布的《2020 年中 90 后人群洞察报告》指出："90 后对网络的依赖持续加深，每月上网使用时长超过一万分钟，同比增长了 26.6%，月人均单日使用时长也接近 7.5 小时。"①处于一出生就与网络信息时代无缝对接的时代，"90 后"人群普遍受到数字信息技术、即时通信设备、智能手机产品的巨大影响。互联网将中国与世界连在一起，也将乡村与城市连在一起。大学生习惯了网络提供的接触新鲜事物的方式，与此同时，在伴随着互联网技术与产品逐步发展变化的过程中，当代大学生对网络的依赖倾向越发明显：网络不单单是他们获取资讯的渠道、购物的场合抑或开展社交的平台，网络已经成功打通了现实世界与虚拟空间的隔阂，全时空全方位地无缝嵌入其学习、生活之中。每个在现实空间中的物理有机体背后都有着一个庞大的网络数据以及基于这些数据而拼成的网络有机体，而网

---

① QuestMobile.2020 年中 90 后人群洞察报告[EB/OL].https://www.questmobile.com.cn/research/report-new/123.

络有机体往往比物理有机体更为真实、迅速地展现出大学生所关切的内容。因而，网络空间已然成为对当代大学生进行思想政治工作的极其重要的关键场域。

(三)网络育人面临诸多挑战

互联网的迅猛发展，在对高校思想政治教育工作产生诸多优势的同时，也给高校思想政治工作带来了挑战。网络环境不断消解权威话语，多元观点甚至网络谣言、不良信息层出不穷、屡禁不止。尤其是在社会思想文化领域，各种社会思潮此起彼伏，其中一些思潮具有强烈的意识形态侵略性，并利用互联网等现代传播媒介进行着无序的、隐性的渗透与发酵，冲击着马克思主义的主流思想地位。思想文化领域中争夺阵地、争夺青年、争夺人心的斗争变得日趋激烈。但在虚拟性、即时性的网络环境下，传统的"把关人理论"已经不再完全适用，在此情境下，互联网已经成为影响思想政治教育效果的重要变量。同时，互联网的拟态环境给了大学生以多面向的生活场景，这在丰富大学生的认识、拓展他们生活空间的同时，也为他们提供了更多满足即时性需求甚至是躲避现实世界的机会。当他们在现实场景中遇到挫折、苦难时，仍有虚拟世界的慰藉可以给了他们即时的满足；当他们遇到与原有认识不一样的教育引导时，也可以在网络世界找到同样观点的同好。

网络媒介及其相关产品快速迭代，给网络育人工作带来很大的技术挑战。迭代是网络媒介的基本属性，从 20 世纪 80 年代末的"互联网 1.0"到"互联网 2.0"，以及今天的"互联网 3.0"，互联网用户已经从阅读的单一模式升级为人机交互及今天的完全去中心化趋向。腾讯 QQ、博客、网络论坛(BBS)、微博、微信、抖音等各种产品层出不穷，网络育人可利用的资源日益增多的同时，其进入的技术壁垒也在逐渐加厚。比如微博账号和微信朋友圈都成为每个大学生现实生活中的"麦克风"，视频网站中弹幕功能够让互动仪式链的理论阐释在现实世界中得到全景展示，大家都可以随时发声交换观点彼此影响，"把关人理论"不再能发挥其原有的功效。

大学生的群体特点更需要重视、改善网络育人。大学生正处于思想观念、思维模式的重要形成和转换期，其世界观、人生观、价值观的塑造尚未完成，心理也尚未完全成熟，乐于接受新思想但又同时并不完全具有甄别价值真伪的能力。当代大学生的成长过程伴随着互联网技术的发展，他们接受新鲜事物的速度更快、热情更高，对于网络媒体的接受度也更高。网络上丰富的信息资源、娱乐资源等吸引着大学生们关注和投入，但却往往受到负面影响而不自知。而网络信息传播的隐蔽性也无疑加大了思想政治教育工作者发现和介入的难度。思想政治教育一旦在网络空间失声，意味着丧失了重要的工作阵地。大学时期作为价值观塑造的重要窗口，是奠定终生发展的基础时期。在这一阶段培育正确的价值观，树立高远志向，培养高尚的道德情操，将对其一生产生重要影响。"青年又处在价值观形成和确立的时期，抓好这一时期的价值观养成十分重要。这就像穿衣服扣扣子一样，如果第一粒扣子扣错了，剩余的扣子都会扣错。人生的扣子从一开始就要扣好。"①

同时，高校思想活跃的特点也要求更加注重网络育人工作。大学是各种思想观点的交汇场，也是各式价值观念的碰撞场。无论是教人的先生，还是学习的后生，都容易受到各种思想观念的冲击。而当下大学强调国际交往，注重全面获取客观世界信息，以及大学特有的强调思辨、相对自由的氛围，都要求思想政治教育工作要时时留意，并因对象的特点采取合适的方式方法。即需要在充分了解师生情况的前提下，尊重合理差异、包容多样，在多样性中寻找共识，在多元中建立主导，在多变中定立方向，将一切有益思想文化的涓涓细流汇入主流意识形态的思想文化之中，才能成就主流意识形态

---

① 习近平.习近平谈治国理政：第一卷[M].北京：外文出版社，2018：172.

的汪洋大海。同时，又要在积极面对师生存在的庞杂思想观点的同时，稳定主流核心价值观，增强政治上的敏锐性与鉴别力。对鱼龙混杂的思想观点，要辨析甄别、过滤净化，不能照单全收，当传声筒、扩音器；对各种错误思潮，要保持警惕、有效防范。只有如此，才能防止一些有害大学生思想健康的观念"抢滩登陆"，使大学生始终保持清醒的头脑，始终坚定正确的思想政治方向。

总之，网络思想政治教育作为思想政治教育现实场域的新领域，具有鲜明的特点，其教育对象、教育过程、教育内容、教育环境都发生了变化，包括教育对象身份的隐蔽性、可变性，教育过程的平等性、交互性，教育内容的时效性，教育环境的开放性、复杂性，教育效果的不可控性等，[①]必须坚持以机遇中不忘危机的审慎态度对待网络育人工作，才能不丧失这个重要的育人场域。

第二节　网络育人之"校园新媒体"：校园宣传新场域

互联网信息技术的蓬勃发展推动社会媒体发展的同时，也大大助力了校园媒体发展，高校媒体也在信息化、数字化建设的道路上不断前进。作为思想政治教育的重要资源和平台，高校新媒体的发展不仅满足了思想政治教育工作者的需要，同时促进其不断革新思想政治教育工作理念，改进高校网络育人的内容与形式。如今校园新媒体已经无可置疑地成为校园思想政治工作的新场域。

---

① 唐亚阳,等.网络思想政治教育学[M].北京:人民出版社,2016:60.

一、校园新媒体的定义与类别

校园媒体泛指在校园场域内，各级组织尤其是指官方组织举办的宣传载体，是校内信息传播的重要工具。当前，高校校园媒体主要由校报、校电视台、校广播台等传统媒体和学校官方微博、微信公众号、抖音官方号等新媒体融合而成。传统媒体，如校报在报道国家和地方重大路线方针政策，本领域、本校重点工作和典型事迹等方面，具有权威性、深度性；校电视台、校广播台等视听媒体，因为其影像、声音及被采访者的视听兼备、直观性强、感染力强，再加上获取信息的便利性（可解放双手在校园里随时观看或收听）而在校园师生中有一定影响。

新媒体是相较于传统媒体而言的，指利用数字、网络和移动通信等，以手机、计算机等为终端，以视频、音频、语音为形式，以互联网、无线通信网络为渠道的所有新通信方式或形式的总称。[①]校园新媒体是新媒体技术在高校思想政治教育工作中的运用，是媒介形式与传播内容的统一，二者共同构成了校园新媒体的特定含义。与广播、校报等传统校园媒体相比，校园新媒体的成本更低、传播速度更快、覆盖范围更广、信息来源更加丰富、交互性更强。[②]

当前，国内新媒体平台可分为三大类：第一类是以图文为主的微信公众平台，第二类是以微博、小红书、QQ空间为主的强调互动的平台，第三类是以抖音、快手、哔哩哔哩为代表的视频平台。不同平台的定位和特色各有不

---

① 李凌.浅析新媒体环境下高校思想政治教育的创新——评《新媒体时代高校思想政治教育创新研究》[J].新闻战线,2018(19):150.

② 周祥东.当前形势下高校校园新媒体的困境及发展策略[J].齐齐哈尔师范高等专科学校学报,2018(03):74-76.

同,平台的用户结构也不尽相同。高校校园新媒体的最主要形式是微信和微博,同时随着短视频的迅速发展,抖音、哔哩哔哩也渐渐成为校园新媒体的新选择。校园网虽然不再是移动互联时代最新最热的媒体形式,但依然是一个重要的校园新媒体,因其往往被使用者以大屏幕进行操作且集合了文字、图片、视频、音频等多种形式而保持着传统优势。总之,在移动互联网高度发达的情况下,各高校根据不同平台的特点生产不同的内容,全方位多层次开展网络育人活动,形成了校园新媒体矩阵。如何根据不同类型的新媒体平台特色,开展高校思想政治教育工作,进而实现网络育人的目标,成为思想政治教育工作需要着力拓展的新方向。

高校新媒体的运营主体主要分为学校官方、学生组织和校园自媒体三类,其中学校自媒体公众号数量最多。高校官方公众号推文内容丰富,包含校园时事新闻、通知公告、学习资讯、生活服务等内容。学校官微发布的校园新闻和通告权威度高,包含发布招生信息、教学科研信息、就业信息、校友活动等常规信息。学生组织的公众号内容发布赛事、人气评选等活动资讯较多。校园自媒体类公众号类型多样,有学习休闲类,如兼顾学生学习、生活和情感,考试资料、考研资讯以及校园文化、课余生活等,或有针砭时弊的评论、思想类等。

二、校园新媒体的优势

伴随着互联网技术的发展以及大学生原子化生活方式的普遍化,传统媒体和教学方式对大学生的影响逐渐变弱,思想政治教育与新媒体的融合是必然的趋势。[①]校园新媒体具有进行思想政治教育工作得天独厚的优势。

① 李敏.“互联网+”时代大学生网络文化素养的失范与理性重构[J].山西经济管理干部学院学报,2018,26(02):110–113.

首先,粉丝基础广泛。校内新媒体拥有大量的基础粉丝(师生),内容传播针对性强,如通过校园微信公众号获取信息、反馈需求已成为当代大学生最典型、最常规的操作,[①]这为高校利用校园新媒体开展思想政治工作提供了用户基础。

其次,交互性强。相对于传统校报纸质类媒体,校园新媒体具有二次传播和交互性强的优势,在校师生从校园新媒体关注校内新闻,了解最新动态,并根据个人兴趣完成校园新媒体发布内容的转发分享,实现内容的二次传播。这样的效果正是新媒体时代为个人赋权的结果,每位师生都可以成为内容的传播者,实现对个人身份从受者到传者的重构,从而扩大传播范围,提升传播效果。

再次,内容审核机制完备。高校的官方网站、微信、微博、抖音号等新媒体的运营主体一般是校党委宣传部,高校内各机构的新媒体账号及学生组织的账号也需要专人负责,一般要经过平台认证并接受学校年度审核。在宣传纪律的要求和主流价值的引导下,校园新媒体发布的信息更具权威性和准确性,可信度更高,这为高校借助校园新媒体开展思想政治网络育人工作提供了保障。

最后,用户黏性高。高校新媒体的受众主要集中于校内的师生及关心学校发展的社会公众。这两部分群体中,前者与所在高校有着天然的归属感和亲切感,关心时刻变化的信息动态。通过与高校新媒体互动,积极分享文章,点赞评论相关推文,校内师生用户与高校新媒体达成了长期高度亲密的关系,即便是在学生毕业后往往还会继续关注母校媒体。而关注该校的社会公众与学校的黏性不强,但出于具体的信息获取目的也会主动关注高校的新媒体平台。

---

① 李裘.校园新媒体在高职思想政治教育中的应用研究——以官方微信公众号为例[J].新闻研究导刊,2021,12(18):142-144.

总之,校园新媒体是高校思想政治教育工作的重要平台,承载着信息传播和思想引领的功能,对于大学生的认知体系、情感熏陶、思想素质和人生价值观有着重要影响。如何推动高校思想政治工作与新媒体深度结合,运用校园新媒体拓展高校思想政治工作阵地、整合高校思想政治工作资源,增强高校思想政治工作的时代感和感召力,是新媒体时代下高校实现网络育人目标的要求。

三、校园新媒体建设策略

2020 年,清华大学、中国传媒大学等高校围绕教育融媒体建设达成四点共识:"要抢占互联网舆论阵地,充分发挥教育融媒育人功能;要加强优质内容建设,提升教育新闻舆论'四力';要紧跟先进技术发展趋势,让技术为教育融媒赋能;要深化体制机制改革,推动教育融媒纵深发展。"①各高校打造立体新媒体网络系统,通过拓展内容、丰富形式、增强互动,协同发挥新媒体思想政治教育优势。

(一)坚定方向:把握正确舆论宣传导向

党的宣传思想工作坚持党性原则,最根本的是坚持党对宣传思想工作的领导。高校是意识形态工作的前沿阵地,做大学生的思想政治教育工作,必须坚定马克思主义意识形态的核心地位,这既事关党对高校的领导,也事关全面贯彻党的教育方针,培养合格的社会主义事业接班人。随着移动互联网的快速发展和传播格局的变化,新媒体成为当代大学生的重要生活空间。以新媒体为资源的思想政治教育工作既要打造具有高效传播力、强大凝聚

---

① 2021 教育政务新媒体年会举行:发布《2020 教育政务融媒体海口宣言》[EB/OL]. http://www.moe.gov.cn/jyb_xwfb/gzdt_gzdt/s5987/202012/t20201217_506090.html.

力和引领力的阵地，更要坚持党性原则，始终把政治方向摆在第一位。因此，高校新媒体育人工作除了要时刻提出把握主旋律的要求外，更要建立制度保障。高校党委部门要建立新媒体平台管理制度，各级校园新媒体要明确负责人及团队人员结构，建立完整的信息搜集、撰写审查、推送把关机制等。通过定期年审、奖优惩劣等机制，对校园新媒体建设情况进行检查、评价和排名。

(二)拓宽内容：延展思想政治教育边界

高校新媒体育人工作按照习近平总书记关于媒体融合发展和大学生思想政治教育的重要讲话精神，建立新媒体矩阵，整合资源更好地发挥集成效应。如西安培华学院以"7526"法则，通过七大平台、五项机制、两个举措和六大创新实现网络育人的功能。七大平台包括官方网站、电子校报、电视台、微博微信平台、自媒体平台、第二课堂和其他网络媒体，全方位搭建网络育人矩阵；五种机制包括完善网络制度、建立评优机制、二级学院开设新媒体平台、加大力度建设新媒体平台、认定优秀成果；两个举措指通过科学管理、明确职责加强培训来打造专业团队；六大创新是通过互动、共享、精品、内涵、资源管理、用户黏度的 6 个维度强化学生的黏性。

重视内容生产一直是教育宣传的重要经验，2017 年武汉大学举行的中国教育政务新媒体年会发布的《中国教育政务新媒体武汉宣言》中就明确强调要"坚持内容为重"①。高校新媒体发展与时代的脉搏紧紧相依，利用最新最热点事件进行思想政治教育工作，将时代大事与学校教育相关联，提升凝聚力和自豪感。如 2022 年北京冬奥会闭幕后，清华高校新媒体宣传了清华大学承担四场开闭幕式的志愿者工作中大学生的参与情况；2020 年东京奥

---

① 沈晓明.让教育政务新媒体"活起来""多起来""暖起来"[EB/OL].http://www.moe.gov.cn/jyb_xwfb/gzdt_gzdt/s5987/201701/t20170106_294183.html.

运会上苏炳添等人组成的中国男子4×100米接力递补获得铜牌，创造历史最好成绩，暨南大学官方媒体发文《创造历史！暨南飞人苏炳添正式获奥运铜牌！》，激发大学生的爱国情感和民族荣誉感。北京大学微信公众平台"北大青年"将结合国家大事热点作为常规思想政治教育工作专题。如其制作的《习近平总书记五四重要讲话精神学习攻略》，以可视化的制图整理了习近平总书记5次考察北大的事件；以可视化的图表呈现亚太经合组织专题，用清爽直观的形式增强了大学生对主流报道的关注。

校园新媒体也通过增强内容的丰富性和亲和力，呈现最前沿的信息，如从大学生最关心的校园时事新闻、通知公告、学习资讯、生活服务等多方面内容扩大用户群体、提升用户使用习惯、增强用户黏性。如浙江大学官方新媒体为校园师生提供一体化资讯和特色化导航服务，"浙江大学+"微信小程序为在校学生和外来游客打造专属的浙江大学景点指南，其中"逛逛浙大"界面不仅详细介绍了校园景点游览路线，用户还可以点击地图上的图标查看详细介绍；华东师范大学利用企业公众号建立各职能模块，师生可以通过手机端完成图书借阅、预约自习座位等多项业务。

（三）形式多样：激发新媒体教育起效能

高校新媒体的"新"不仅体现在技术方面，更体现在依托技术所呈现的形式上。结合大学生使用新媒体的心理需求机制，去掉程序化的公式内容，通过多样化的传播形式，以更加灵活的音乐、绘画、视频等新鲜方式将思想政治教育寓教于乐，可以更深层抵达大学生内心，提升思想政治教育效果。如2018年武汉大学在其官方媒体平台发布《武汉大学125周年》8分钟水墨宣传画，利用8分钟视频宣传庆祝武大125周年诞辰，配乐高亢激昂震撼人心，11段独特的水墨图展示了武大波澜起伏的历史，抓人眼球，引发众多校友对青春的怀念、对母校的感恩和祝福；再如2018年西南大学发布《天生之约西南大学 2018 届毕业 MV，愿你我未来可期！》，通过音乐短片的方式纪念 2018 年毕业季点滴，引发校园师生共鸣。众多高校拥抱新颖的视频形式，在抖音、快手、哔哩哔哩等年轻人聚集的平台展现校园学生风采、景色和活动，例如为庆祝新中国成立 70 周年，各大高校师生在哔哩哔哩网站上发起了校园歌声接力棒，传唱《我和我的祖国》，用歌声献礼祖国繁荣富强，"我和我的祖国"爱国主义主题教育活动在全国各高校深入人心，取得良好传播效果；新冠疫情暴发以来，为彰显抗疫决心，各大高校在抖音传播抗疫手势舞，在短视频平台实现裂变，凝聚了各大高校师生的信心。

总之，校园新媒体丰富了大学生思想政治教育的时间和空间，扩大了思想政治教育内容的覆盖面，使思想政治教育不再受时间和空间的局限，传播速度更快，传播人数更多，兼具及时性、有效性和针对性。校园新媒体有助于增强思想政治教育工作的生动性。与以往单向式教育不同，校园新媒体以视频、图文等多种形式，方便大学生主动选择教育平台和素材，通过评论、私信、转发等渠道实现与校园新媒体的对话，实现了从被动接受到主动对话的进步，使得思想政治教育工作达到事半功倍的效果。但不可忽视的是高校校园新媒体现阶段的发展仍良莠不齐，机制建设不全不强，信息监管和预警处置困难较大，思想政治教育的规范性和有效性不足等问题仍然突出。如新媒体推送渠道过多可能会导致网络育人碎片化，分散了师生的精力，对于要求系统化的思想政治教育工作可能会造成影响。高校校园新媒体建设是一项复杂的系统工程，高校应当利用自身优势，从内容、形式、运营、队伍建设等方面不断创新，不断反思、总结，提高网络育人的能力和水平。

四、建好高校官方微信公众号

(一)微信与微信公众号的发展

微信是基于移动互联技术和上网手机的即时通信工具。它出现于 2011 年底。问世以来,微信的功能不断增多,在满足用户的深度与广度上也在不断发展。据统计,2021 年底[①]微信月活跃账号超过了 12.5 亿,成为中国用户量最大的手机应用软件。可以说,微信已经深刻改变了网络传播格局,如同它的产品口号"是一种生活方式"般,微信已成为包括大学生在内的国人生活的"第二空间"。

2012 年 8 月,微信开发出公众号模块。一年后,微信公众号升级细分为订阅号和服务号,2014 年 9 月,微信企业号公测,企业号因为具有更高级别的信息安全设置,以及帮助政府、事业单位及企业组织实现更丰富的生产、协作及运营的移动化实现而很快受到各类组织的青睐。2017 年和 2020 年,微信应用号(小程序)、微信视频号先后上线。微信公众号的模块都可以实现对多的信息传播,可以为从事新闻工作、品牌宣传或观点表达的团体、组织及个人提供广阔的展示空间,用户通过订阅微信公众号能接收到自己需要的新闻或是对自身发展有用的信息资讯。

微信公众号依托微信平台庞大的用户数量吸引流量,成功获得了"互联网原住民"大学生的青睐,并在大学生群体中形成了强大的用户黏性。与此同时,微信公众号也成为一个新的舆论和宣传阵地,打造"思政公众号"对大学生进行思想政治教育成为网络育人的题中应有之义。2020 年 4 月,《关于

---

① 中国互联网络信息中心.第 49 次《中国互联网络发展状况统计报告》(全文)[EB/OL]. http://www.cnnic.net.cn/hlwfzyj/hlwxzbg/hlwtjbg/202202/P020220407403488048001.pdf.

加快构建高校思想政治工作体系的意见》中强调"提升校园新媒体网络平台的服务力、吸引力和黏合度,切实增强易班网、中国大学生在线等网络阵地的示范性、引领性和辐射度,重点建设一批高校思政类公众号"①。2021年5月,为充分发挥新媒体平台对高校思想政治工作的促进作用,推动高校公众号成为思政教育有效载体,聚焦高校思想政治教育工作时代特点和高校师生现实需求,中宣部、教育部等部门对重点建设一批优质高校思政类公众号工作进行安排部署,要求对高校思政类公众号要"加大扶持力度,提升内容质量,构建传播矩阵,发挥示范作用"②。

(二)思政公众号的主要类型

近年来,从教育主管部门到高校、行业学会、协会等各级各类教育机构,已经普遍建立了公众微信号。高校思政类微信公众号的数量也已经非常庞大,且在其中涌现出一大批比较优质的思政公众号。2021年5月,中央宣传部、中央网信办、教育部、共青团中央联合公布包括清华大学、北大青年、中国大学生在线、首都教育等在内的高校公众号、高校共青团公众号、知识服务类机构公众号共12个类型、200个公众号为"首批高校思政类公众号重点建设名单"③。

从当前思政公众号的分类上看,有高校官微、全国性思政工作平台微信号、高校思政创新发展中心微信号、"三全育人"微信号、党建标杆院系微信号、知识服务类机构微信号、高校马克思主义学院微信号、高校共青团微信号等类型,其中最主要的四类是高校官微、团组织微信号、全国性思政工作

---

①　教育部等八部门关于加快构建高校思想政治工作体系的意见[EB/OL].http://www.moe.gov.cn/srcsite/A12/moe_1407/s253/202005/t20200511_452697.html.

②③　中央宣传部等部署重点建设高校思政类公众号[EB/OL]. http://www.xinhuanet.com/2021-05/27/c_1127499196.htm.

平台微信号和"三全育人"微信号。

第一,高校官微。高校官方微信公众平台是高校全媒体矩阵中的重要组成部分,是重要的思政平台。高校微信公众号的教育导向明确,内容的制作、审核、发布等均有较为严格的机制,可以充分保证信息的准确性、教育导向的政治性和科学性,是学校相对更为重要的信息发布平台,因而具有相当的权威性。

第二,团组织微信号。思想引领是共青团的主责主业,团组织一直走在时代前列,积极利用各种新的媒介条件,开展舆论宣传工作。共青团微信号既有团中央、各省地市团委,也包括高校各级团组织的微信公众号。"截至2017年10月20日,全国2595所普通高等学校中共有1169个共青团(团委)组织开通了微信公众号。"①各级各类团组织通过微信公众号加强与青年的沟通,举办主题教育活动,不断创新新媒体教育的形式。

第三,全国性思政工作微信号。除了高校和团组织的官方微信公众号,一些全国性的微信公众号在高校思想政治教育中也发挥着重要作用。第一类是以《人民日报》、新华社等为代表的央媒公众号,它们发布的时政热点消息、社论、评论员文章等成为思想政治教育工作的重要素材;第二类是跨区域全国性的思政工作联盟微信号,如思想政治工作研究公众号、民办高校党建与思政微信号等;第三类是专为大学生打造的网络平台,如教育部主导、全国高校共建共享的"中国大学生在线"平台,在大学生群体中具有重要的影响力。

第四,"三全育人"微信号。2018年,教育部办公厅下发关于开展"三全育人"综合改革试点工作的通知,要求教育系统"以习近平新时代中国特色社会主义思想为指引,一体化构建内容完善、标准健全、运行科学、保障有力、

---

① 王涛.全国高校共青团微信公众号的调查与分析[J].传媒,2018(16):56–58.

成效显著的高校思想政治工作体系，形成全员全过程全方位育人格局。"①经过几年时间的建设，涌现出一批优秀的综合改革试点区、高校和院系，这些试点组织的公众号就成为新时代展示、交流思想政治教育工作实践经验的平台。

（三）思政公众号对高校思想政治工作的意义

第一，有利于优化高校思政教育工作的形式。传统的高校思政教育工作尽管也重视发挥大学生的主体积极性，但是由于现实空间人的行动的特性，由教育者主导、被教育者接受的线性教育方式还是比较突出。从思想政治教育原理来看，应该激发被教育者的主观能动性，吸引学生的注意力，才能更好地产生思想政治教育的实效。思政公众号的推出，一方面能够打破现实世界中的信息传播和教育路径，让教育者可以采取的形式更多元，让被教育者可以选择的形式更广泛；另一方面，互联网的底层逻辑之一是流量为王，通过引起用户的注意刺激其做出选择，思政公众号以此为运营逻辑，通过更具有吸引力的标题、图形、话语等，实现让大学生主动进入思想政治教育的场域之中，自发地进行资源获取和学习实践。

第二，有利于思想政治教育工作资源的整合利用。在传统的高校思想政治教育工作中，相关教育资源的受众面和使用率都会受到学校、班级、教师等客观范围的限制。而思政公众号因其时效性和开放性，打破了时间和空间的限制，相关内容还可以反复阅读、多次利用，并在互联网的海量信息中提炼和推送各种思政信息，以及汇总不同来源的多种资源，包括经典文献、新鲜案例、名家点评、优质视频等。通过思政公众号，高校思政教育工作者可以扩大自己的教育资源库，助力教育实践的推进；大学生可以突破一地一校的资源局限，共享全国、甚至国际上各种先进思政资源。尤其是在重要时间节

---

① 教育部办公厅关于开展"三全育人"综合改革试点工作的通知［EB/OL］. http://www.moe.gov.cn/srcsite/A12/moe_1407/s253/201805/t20180528_337433.html.

点和重要主题教育中,更可以实现便捷的全国思政公众号联动,形成具有强影响力的教育宣传氛围。

第三,有利于扩大思想政治教育工作的影响范围。传统的思想政治教育形式影响力有限,一方面高校开展思想政治教育工作的活动和成果难以进行广泛的宣传推介,另一方面高校思想政治教育工作的对象始终局限于在校特别是本校的大学生群体。思政公众号则能够有效地扩大思想政治教育工作的影响范围,这得益于微信公众号的开放性。无论是教育者还是被教育者,都可以通过语音、视频、图片和文字等多种形式将内容快速分享出去。随着手机等智能移动终端技术的发展,大学生阅读公众号和刷朋友圈已经成为一种习惯。他们的好友大多是同龄的同学或者亲近的朋友、亲人,这种以"朋友""同学""兴趣圈"为主的网络关系,使得彼此之间的信息传播和态度影响更为容易和强烈。朋友圈是微信传播的核心力量,思政公众号推送的内容借助朋友圈这种"强纽带"关系的分享和互动,既能对高校思想政治教育的活动和成果进行宣传,还能充分发挥高校微信公众号作为网络舆论阵地的作用,扩大思政内容的影响范围、增加受众人群数量。[1]

(四)高校官方公众号的育人实践经验

总的来说,目前高校官方公众号已经完成了从无到有、从少量到大范围建设,以及基本全覆盖的过程。而在其中,已经涌现出了一批具有坚定的政治方向、精良的内容形式、高效的教育传播力的佼佼者。概括这些高校公众号发挥的思政育人工作经验,主要有以下三个方面:

第一,官方微信号技术性和功能性持续更新,确保媒介常新。目前国内比较优质的高校官方公众号,普遍拥有稳定的运营团队,有鲜明的传播策

---

[1] 邓伟琼.高校微信公众号对思政教育的作用机制研究[J].湖北开放职业学院学报,2017,30(10):64-65+178.

略,对官微的功能、内容等有清晰的定位。同时,微信作为基于传播技术建立的软件,其本身的功能在不断丰富,从订阅号、服务号到应用号和视频号,公众号的生态平台越发多元,而这背后的底层逻辑是技术革新后对用户需求的回应。因此,能够确保发挥新媒体平台黏性的高校官微一定是紧紧跟随微信的功能迭代而持续更新,将教育传播的内容依托不同的平台性能、用户获取信息及阅读偏好等因素加以制作推广,从而提高学校新闻舆论的传播力。

第二,官方公众号拟人化,提升传播力。随着高校对新媒体建设规律理解的深入,越来越多的高校从提升官微传播力角度改变过去严肃、刻板的形象,转型为更具亲和力更富有"人性"色彩的拟人形象。这既表现在话语风格的改变上,也表现在整体标识的更新上。如中国海洋大学官微结合当代大学生思想特点,推出名为"小海"的卡通形象代言人,拉近与以"00后"为主体的大学生的距离,形成身份认同感。大学生是动漫文化的重要受众群体,动漫文化对大学生的价值观具有很大影响,高校官微以卡通代言人"小海"为中介,既能实现来自形象上的吸引力,还能以拟人化的话语交际形式与大学生发生良性互动。除此之外,中国海洋大学官微对"小海"IP上不断挖掘,以"小海"为主角开发了一系列主题漫画短剧,将"大主题"转换为"小故事",围绕社会主义核心价值观、文明校园宣传,选取考试周、中国大学生篮球联赛(CUBA)、525心理健康节等校内外热点作为创作主题,推出手绘漫画短剧。漫画短剧根据主题要求,设计台词,搭建表演场景。幽默风趣的台词和生动活泼的漫画,增加了内容的趣味性和说服力,从而让青年大学生产生情感共鸣与价值认同,使思想政治教育真正"入脑入心"。

第三,官方微信号内容生产紧紧围绕师生,营造积极氛围。为了更好地贴近师生,与师生打造更紧密的情感纽带,综观目前的优质高校官微,其内容越来越注重选取与师生工作、学习、生活息息相关的内容。这其中既有纵向的时间线逻辑,包括开学、期中、期末,新生入学,毕业生离校等;也有横向的结构性内容,包括学生学习科研、教师教学科研、师生的社会服务等。在推送中,尤其注意挖掘大学生身边的先进典型,通过对身边人的挖掘,提振师生奋进的动力,增强责任感和使命感。同时,内容推送紧紧抓住师生更关注的焦点事件,对高关注度的议题敏锐地跟进,从大学生角度进行主流意识形态的融入教育,将思想政治教育与知识教学、信息传播相融合,打造润物细无声的效果。从形式上,优质校园官微也不断丰富传播形态,及时更新最前沿的官微技术,提升推送质量。

当然,在当下高校官微建设的过程中,依然存在着一些需要解决的问题,突出地体现在部分高校思路转变滞后,虽然开设了官方微信公众号等平台,但仍是"穿新鞋走旧路",思维模式依然没有走出传统媒介的工作方式,只是将微信公众号作为发布通知的渠道,并没有从传播理念上做到革命性的更新,没有能够真正创建一个思想政治教育工作的新媒体平台;没有把握住新媒体碎片化、时效性等特点,推送不及时,或者推文冗长,或是反复使用老旧素材,对大学生没有吸引力。应该说,不脱离传统思政模式来开展网络思政工作,或者把握不好新媒体的媒介特点,思政公众号就会在丰富多样的微信公众平台中显得不生动,难以达到网络育人的预期效果。①

第三节　网络育人之"网络好作品": 师生主体共参与

随着20世纪90年代全球一体化的逐渐深化,世界各种文明与文化交往越发频繁,再加之信息科技与网络传播的迅猛发展,一种新的文化形

---

① 张哲浩,孙玥.浅谈高校如何利用新媒体平台开展网络思政——以某高校学工微信公众号W为例[J].传播与版权,2022(02):55-57.

态——网络文化应运而生。网络文化基于网络传播而生存,与媒介高度结合,呈现出虚拟性、全时空性的特征,与现存的其他文化形态具有迥然的差异。网络文化的产生改变了人类文化传播格局。如何在这种新的文化形态下探索思想政治教育的新路径,是当前高校网络育人的一个工作重点。由于网络的交互性与开放性,在网络虚拟环境中,教师与学生在教育中的关系和地位都较传统格局发生了变化。面对同样开放的、虚拟的、实时的、高速的网络环境,需要调动起师生双方的主动性,才能更好地实现教育双方对网络文化的理解、积极介入和感染。网络文化作品作为网络育人的综合性载体,既是师生思想政治教育的成果反映,又是师生主动投入教育实践、共创良好网络教育生态的重要条件。在已经举办结束的五届"全国大学生网络文化节"和"全国高校网络教育优秀作品推选展示活动"中,高校师生创作生产了数百万件优秀网络文化作品,[①]已经起到了相当大的积极影响。

一、鼓励师生积极参与网络文化作品创作

当前,网络已经成为人们生活的重要场域,随着网络上交往的增多,各种文化现象及文化作品也是层出不穷。网络文化作品是弘扬塑造网络文化的载体,优质的网络文化作品来源于人民群众,也影响人民群众,能真正发挥正本清源、催动内心的作用。师生是高校思想政治教育的主客体,要创造出更能发挥思政作用的网络文化作品,就需要更充分地挖掘大学生的内在需要,鼓励师生积极投入到网络文化作品的创作中。正如列宁所说:"艺术是属于人民的。它必须在广大劳动群众的底层有其最深厚的根基。它必须为这些群众所了解和爱好。它必须结合这些群众的感情、思想和意志,并提高他

---

① 教育部:全国高校专兼职辅导员达 24.08 万人,师生比 1:171.[EB/OL]. http://www.moe.gov.cn/fbh/live/2022/54301/mtbd/202203/t20220317_608428.html.

们。它必须在群众中间唤起艺术家,并使他们得到发展。"①文化作品既是文化观的反映,更是传播与塑造文化、影响青年大学生的重要媒介。网络文化作品供给与网络文化塑造效果及大学生网络文化需求满足直接相关。优秀网络文化作品能够引发受众心灵共鸣,激起其内在的思考与认同,生成塑造正确人生观价值观的感召力。

目前,高校对于开发、生产优秀网络文化作品已经有了一定认识,在主题教育和日常教育中,注意通过网络平台推出文章、图片、短视频等。但这些作品的开发制作主体还是以高校宣传部门、思想政治教育工作部门及校外教育相关部门、市场上的专业企业为主,高校师生并不是网络文化作品创作与传播的主体。一般只有在特定时间节点举办的大学生网络文化节时,部分学生才会创作一些网络文化作品,高校学生积极参加网络文化作品创作与传播还未形成常态。因此,高校网络文化作品创作必须树立师生共同参与的观念。最熟悉青年大学生的接受心理、兴趣爱好的人莫过于大学生自己,以及与其具有高交集的高校教师,高校师生创作的网络文化作品能够更好地结合大学生的感情、思想和意志,建立在大学生真实的生活之上,反映大学生最真实的思想状况、生活情况。高校可以通过培育、选拔、打造一批具有较高政治素质、专业水平的师生网络文化作品制作团队,通过多种方式培训提升他们的网络文化作品创作技能,使他们掌握网络文化作品的生产与传播规律,打造出一批有影响力的精品。

二、进一步创设条件为师生创作搭建载体、提升能力

在互联网技术的快速发展下,丧文化、内卷、躺平等一系列网络亚文化

---

① 习近平.在文艺工作座谈会上的讲话[M].北京:人民出版社,2015:19.

也相继涌现，甚至有一些社会思潮是对经典的直接解构与历史的扭曲，这些网络亚文化与青年大学生在现实生活中遇到的问题相交织，使得大学生在问题思考和行动选择上偏向了不利的方向，产生了较为消极的负面影响。而这种亚文化与网络思潮的传播往往带有一定的隐蔽性，高校大学生往往在没有清晰辨识的条件下已经受到了潜移默化的影响。因此，无论是提升师生的主体性意识，还是为了培养师生成为优质网络文化作品的生产者和传播者，以及提高高校大学生接受正向网络文化的有效性，都需要进一步搭建平台、提升其网络文化作品鉴别能力与综合网络素养。

尽管教育部思想政治工作司、中央网信办网络社会工作局等主管部门已连续举办多届"全国大学生网络文化节"和"全国高校网络教育优秀作品推选展示活动"，搭建了全国性重要平台，并在每年的重要主题教育活动中通过征集鼓励高校师生创作的优秀网络文化作品来建立平台，各省地市也举办了一些相应的活动进行动员，但是到了高校层面，这样的载体和机会并不多。高校一般通过组织极少数擅长制作短视频、微电影、网络文章的师生参与活动，并没有形成全体师生广泛参与的氛围。而在其他的日常活动中，相关主题活动或常设性平台相对于心理健康教育、就业生涯教育等也相差较大。因此，高校应进一步创设条件、丰富载体，将师生网络参与作为日常思想政治教育工作的重要条线，为师生参与提供基础条件。

同时，需要内涵性地提升师生的网络文化作品生产创作能力。目前，高校网络文化作品的主要创作力量是高校思想政治工作者、党务工作者或从事相关领域理论研究和实践工作的专业教师，他们能够在政治性和方向性上站稳，但是他们创作的绝大多数作品在艺术呈现上还有很大的提升空间。高校网络文化作品的传播环境不是信息孤岛，不是制作出来就能产生好的效果，必须提升产品质量、增加竞争力。高校应该发挥自身教学科研优势，通过政策讲解、技术培训、作品鉴赏等方式综合提升高校师生的制作能力。可以通过开设相关课程,发挥主渠道的作用,也可以举办高雅艺术进校园等活动,定期组织网络文化作品生产队伍参加,还可以通过邀请专业的艺术生产机构,对高校的网络文化作品生产创作队伍进行专业培训,提升创作主体的艺术修养、创作能力、艺术审美能力。

三、从思想性和贴近性上打造优质网络文化作品

网络文化作品的思想性和贴近性是其发挥育人效能的必要条件。高品质的网络文化作品必须跟上时代发展,与主流文化同频共振,并能把握青年大学生的需求。在当下,社会主义核心价值观已经成为引领全社会的主流核心价值,网络文化作品要反映社会主义核心价值观,积极传播主流思想文化,这既是教育的应然方向,也是对受众心理需求的应和。习近平总书记强调指出:"要运用各类文化形式,生动具体地表现社会主义核心价值观,用高质量高水平的作品形象地告诉人们什么是真善美,什么是假恶丑,什么是值得肯定和赞扬的,什么是必须反对和否定的。"[1]在多元共生、众声喧哗的时代,网络文化作品首先要坚持思想性优先,通过晓之以理、动之以情的方式增强作品的感染力。当前的网络文化作品需要更好地学习宣传习近平新时代中国特色社会主义思想,弘扬中华优秀传统文化、革命文化、社会主义先进文化,展现新时代以来党取得的历史性成就、发生的历史性变革。在宏大叙事中,可以将历史与现实、理论与实践、国家与个人相互勾连,引起青年大学生的思考。例如,网络文化作品的内容主题可以从中国共产党的革命文化切入。在领导中国人民革命、建设、改革的进程中,中国共产党谱写了一幕幕壮美的史诗,其中的历史细节感人肺腑。网络文化作品可以通过饱满的激情、

---

① 习近平.论党的宣传思想工作[M].北京:中央文献出版社,2020:58.

生动的笔触、优美的旋律、感人的形象等再现革命文化的内涵，让青年大学生从认识上提升，从行动上得到推动，通过汲取历史智慧增强前行的力量，将个人梦想融入中国梦中。

优秀的网络文化作品还应密切联系高校学生实际，反映青年大学生的现实生活，与他们最关注、最需要的生活、学习等内容结合起来，从而增强网络文化作品对于广大受教育者的吸引力。"任何人如果不同时为了自己的某种需要和为了这种需要的器官而做事，他就什么也不能做。"①如结合大学生求职问题，将个人成长与国家民族命运的关系进行阐释与教育，或是结合大学生关注的近年来国际格局巨大变化问题，将我国在实现现代化进程中的挫折和应对，以及其中体现出的民族精神、执政智慧等进行讲解和传播；或是基于各个高校在发展历史过程中形成了自身的校园文化，创作出紧密联系高校自身特色的网络文化作品，从具有特色的校园历史文化中挖掘有价值的育人主题。总之，要通过贴近大学生所思所想来实现对青年大学生的教育和影响。

四、建立更为完备的网络文化作品创作激励机制

网络文化作品的价值实现需要经历创作生产、流通传播以及评价反馈这一闭环环节，而大多数高校的网络文化作品都仅仅停留在生产与流通的环节。各个高校的网络文化作品生产传播主体之所以依赖专职的思想政治教育工作者，缺乏高校学生的积极参与，一个重要影响因素在于激励反馈机制不足降低了师生参与网络文化作品生产传播的积极性。对于师生投入精力制作网络文化作品缺乏相应的肯定和鼓励，因而一定程度上影响了师生

---

① 马克思恩格斯全集：第 3 卷[M].北京：人民出版社，1960：286.

参与网络文化作品创作的意愿。这种肯定和鼓励包括物质与精神双层面。当师生投入了大量精力完成的作品不计入教师职称与优秀评定，不计入学生奖学金及优秀评定，必然会影响到师生的积极性。对此，高校应逐步完善网络文化作品的激励机制，推动网络文化作品良性生产。第一，设立网络文化作品奖项。打造品牌活动，邀请网络文化作品相关领域的专业评审专家，对师生创作的优秀网络文化作品作出科学、合理的评价，对其中优秀的作品应该予以一定级别的荣誉奖励。第二，需要推动网络文化作品与师生的职称评定、评奖评优挂钩。优秀网络文化作品是推动网络育人工作的重要载体，教师投入大量精力进行创作的作品是育人成果的重要体现，应该计入高校教师专业职称评审指标体系中。同样，大学生们进行网络文化作品创作的过程，正是他们积极进行自我教育，为创设优秀网络文化做出努力的实践，应该将他们所获得的网络文化作品奖项纳入评奖评优的指标体系之中，使优秀的网络文化作品创作者得到应有的肯定。只有完善高校网络文化作品激励机制，才能更好地保障高校师生参与网络文化作品生产的内生动力，推动优秀的网络文化作品不断涌现。

第四章　心理培元：铺就健康"心"基础

在当前全球化与信息化的时代，人类社会进入一个加速发展的阶段，青年大学生群体所面临的不确定性与焦虑感增加。社会上关于"内卷"与"躺平"等舆论也增长了大学生的困惑。在此背景下，大学生心理健康的培育问题尤为重要。

心理健康是推动大学生成长的重要影响因素。高校日常思想政治工作的主要目标就是塑造心理阳光的大学生，塑造健全人格，进而促进个体全面发展。在影响心理健康因素不断增多的情况下，高校日常思想政治工作任重道远。加强大学生心理健康教育是高校开展思想政治工作的应有之举，也是健全思想政治教育工作体系的必然要求。

第一节　心理健康教育的理论基础和现实意义

一、心理健康教育的经典基础理论

现代心理学脱胎于哲学,于 1879 年开始成为一门独立的学科。心理学自诞生之日起,就一直在积极探索一整套框架完备、逻辑清晰的理论方法。在现代心理学发展的过程中形成了精神分析、行为主义、人本主义、认知主义等诸多流派,从不同角度对人的心理活动进行深入分析。在心理健康教育过程中,更是探索出了积极心理、发展性心理以及基于积极心理资本理论的心理健康教育模式,为大学生心理素质的整体提升保驾护航。大学生心理健康教育离不开对心理学概念、理论与方法的深刻理解,学习、理解与运用这些基本的理论与方法,是有效开展心理健康教育的重要前提。

(一)精神分析学派

思想政治教育需要帮助大学生探索生命的意义与人生的方向,"承担起建构人类精神家园的重任,使受教育者的人性不断趋于完善,达到涵养身心、塑造人格、陶冶性情,从而实现精神成"人。①奥地利心理学家西格蒙德·弗洛伊德(Sigmund Freud)是精神分析学派的创始人,他在长期的精神病临床实践中提出了精神分析理论,把人的精神或者人格分成了本我、自我和超我三个基本层次,他提出人有生本能(爱与建设性的力量)与死本能(恨与破

---

① 张敏.思想政治教育视域下大学生精神成人研究[D].陕西师范大学,2011.

坏性力量)两种本能。弗洛伊德深入研究人的无意识与潜意识机制,他认为人的行为受到无意识冲动的影响,人的本能冲动在神经性和精神性疾病中起着极大的作用。他主张通过自由联想、释梦等方式来寻找精神病患者的病因,探寻病患的心理防御机制。①弗洛伊德的女儿安娜推动了自我心理学的发展,她在 1936 年出版了《自我与防御机制》的著作,对隔离、否认、转移、分裂、理想化、反向形成、外化等心理防御机制进行了系统的总结。

弗洛伊德的追随者荣格与其出现重要理论分歧,创立了分析心理学,他用"心理能量"一词代替了弗洛伊德所说的"利比多"。荣格提出了个人潜意识和集体潜意识的概念,认为人类世代遗传的原型内容在深刻影响人类意识。②荣格学派运用沙盘绘画等手段进行治疗,有助于深入认识人们的潜意识,并使之意识化。弗洛伊德的另一位追随者阿德勒则强调社会因素和个人经验在人格发展上的作用,创立了个体心理学。阿德勒对于人生的意义、自卑感与优越感、家庭影响、学校影响、青春期的引导、职业问题、个体与社会群体等议题进行了深入的研究,他阐明人生意义的真谛,引导人们纠正性格缺陷。阿德勒认为:"教师不但要教授知识,更要发现孩子的问题,并且还要帮助孩子的家长纠正错误。"③这对于大学生思想政治教育具有非常重要的启示意义。

英国的一批精神分析学者则在母婴关系的基础上发展了客体关系理论,他们认为婴儿与父母的关系影响其精神健康发展的整个过程。美国心理学家科胡特于 1971 年提出了系统的自体心理学概念,提出了共情、自体客体、镜映需要、共情需要等概念,深入探索人的自恋心理。④这些理论对于帮

---

① 弗洛伊德.精神分析引论[M].周丽,译.武汉:武汉出版社,2014.
② 荣格,等.潜意识与心灵成长[M].张月,译.上海:上海三联书店,2009:13-20.
③ 阿德勒.自卑与超越[M].李青霞,译.沈阳:沈阳出版社,2012:109.
④ 怀特,韦纳.自体心理学的理论与实践[M].吉莉,译.北京:中国轻工业出版社,2013:17-28.

助大学生加强自我意识,指导大学生形成健康自我、健康自尊、健康自恋提供了重要的理论工具。

精神分析理论是洞悉人类精神世界的极为重要的工具,对于高校进行面向大学生心理健康的思想政治工作提供了深刻洞见。将精神分析与思想政治教育发展结合起来,是提升思想政治效能的重要方式。[①]心理建设不是一朝一夕之事,也不能一蹴而就,而是要在日常生活、日常工作中加以不断塑造。

(二)行为主义理论

一种有效的心理学理论,必须要能有效地解释包括解释者自身在内的所有人的行为。[②]美国心理学家华生创立了行为主义心理学,他借鉴巴甫洛夫条件反射学说,认为人存在刺激-反应模式,而人对刺激的反应又会影响人的心理活动。行为主义理论强调通过奖励—强化及惩罚—弱化的行为机制,引导被教育者朝着教育者期待的方向发展。行为主义对环境的强调为日常思想政治工作体系既提供了理论佐证,也提供了方法指导。斯金纳的操作行为主义自诞生以来无论在实践还是理论界都引起了巨大变革,在我国的思想政治教育中对其理论的研究往往集中在对教育方法即行为塑造等方面。[③]玛莎·莱特汉(Marsha Linehan)在20世纪80年代后期,在西方行为主义理论基础上,融合了东方正念冥想的思想智慧,创立了辩证行为疗法(Dialectical behavioral theory,DBT),他通过传授痛苦承受、正念、情绪调节与人

---

① 杨静.心理学视域的泛课程思政探析[J].中学政治教学参考,2019(36):101.

② 舒跃育.行为主义心理学的"自由意志—决定论困境"[J].华中师范大学学报(人文社会科学版),2022,61(02):181-188.

③ 刘文静.斯金纳操作行为主义与思想政治教育关系新论[J].佳木斯职业学院学报,2015(09):172-173.

际效能技巧方式,帮助人们有效处理压迫性情绪。①这是目前循证医学支持非常卓有成效的治疗方法。

在高校日常思想政治工作中,要注重环境及行为训练对学生心理健康的影响,进而提升思想政治工作的效果与效能。通过松弛训练方法、系统脱敏方法、冲击疗法和厌恶疗法,强调通过学习、训练提高求助者的自我控制能力,以达到校正异常行为和塑造良好行为的目的。要实现这样的目标,就必须注重在日常思想政治教育工作中融入新的内容,侧重对青年学生的心理干预,使其形成正确的价值判断,进而通过个体的行为塑造整体的行动逻辑。该理论坚持心理学的对象是意识而不是行为,任务在于预测和控制行为,研究的方法应该是客观的方法而不是内省法,个体的行为不是先天遗传的,而是由后天环境决定的。高校日常思想政治工作体系本身就十分重视校园文化传播载体等环境因素建设,因此通过行为主义理论塑造青年学生的健康心理具有十分重要的价值。

（三）人本主义理论

20 世纪 50 年代美国心理学家马斯洛和罗杰斯创立人本心理学。马斯洛认为人的需要,不是弗洛伊德所说的性本能,而是人类行为的心理驱力。人本主义理论的主要观点是需要层次理论、高峰体验、自我实现和当事人中心理论等基本观点。马斯洛认为人具有生理、安全、社交需要、尊重和自我实现的不同层次需求,当人低层次需求获得满足后,会转入更高层次需求的追求中。弗洛姆人本主义精神分析综合了欧洲文化传统的理性主义、人本主义、批判精神和救世情怀这些基本要素,他试图用理性主义和人本主义的标准和精神分析心理学的工具来剖析他所处的社会和身边的人,并探索实现理

---

① 马修·麦克凯,杰弗里·伍德,杰弗里·布兰特里.辩证行为疗法:掌握正念、改善人际效能、调节情绪和承受痛苦的技巧[M].王鹏飞,李桃,钟菲菲,译.重庆:重庆大学出版社,2018:1-2.

想社会和人的发展的途径。①弗洛姆指出:"人的本性或本质不是像善或恶那样的一种特殊实体,而是根据人类生存状况中的一种矛盾",人在不断出现的新矛盾中去寻求新的解决方式,直到"他成为一个富有人性的人和达到人与世界的完全统一这个最终目标为止"。②这种对人性的关怀,有助于达成人的和谐与全面发展,对于大学生思想政治工作具有重要的启示意义。

高校思想政治工作就是要满足青年学生的各种需要层次,尤其是加强满足学生获得尊重与自我实现的需求,增强青年学生的成就感。人本主义治疗的基本技术是围绕治疗关系展开的,其关键在于创造一个真诚、共情、尊重的人际关系氛围。高校思想政治理论工作同样需要创造一个轻松、和谐的关系氛围,潜移默化地将理论、信仰传达给青年学生。实践证明,高校思想政治日常工作体系能够在校园环境的支撑下开拓出以人为本的教育环境,为青年学生成长提供良好土壤。

(四)认知主义理论

认知理论也称为认知主义学习理论,是一种与行为主义理论相对应的理论。认知主义理论强调人通过认知过程、通过学习获得知识结构。它最早来自格式塔学派的认知主义学习论,强调人通过感觉、知觉的学习过程,认为学习是一个构造完整的过程,也是一个顿悟的过程。布鲁纳的认知发现理论强调学习者对信息的主动加工过程,强调要激发人的内在动机,鼓励创造性思维与直觉思维。这为大学生提升学习效率、增强学习效果提供了重要的参考价值。

20世纪50年代,美国心理学家阿尔伯特·艾利斯又提出理性情绪治疗法(Rational-emotive therapy,RET),他认为人有理性与非理性特质。艾利斯

---

① 郭永玉.弗洛姆人本主义精神分析的启蒙价值[J].心理学报,2022,54(02):205-218.

② 埃里希·弗洛姆.人心:善恶天性[M].向恩,译.北京:世界图书出版公司,2015:129.

从情绪 ABC 理论(ABC Theory of Emotion)出发,认为人的认知—情绪—行为是一个相互联系与影响的过程,不良的情绪与行为通常由于不正确的信念与认知所导致,激发事件(activating event)只是引发情绪和行为后果(consequence)的间接原因,而个体对事件的认知、评价与信念才是直接原因。理性情绪治疗法强调通过解释说明,令人们深层领悟自己的情绪,破除不合理观念,修通情绪障碍。[①]总体上,认知主义理论主要是采用非理性信念辨析、合理情绪想象和合理情绪治疗自助表及自我分析报告的方法,进行心理问题的分析和解决。

二、心理健康教育的实操理论模式

除上述经典的心理健康教育理论以外,在心理健康教育的实际执行过程中,也出现了众多实操性强的心理健康教育模式,为高校大学生心理健康教育提供了良好的理论借鉴和指导。

(一)积极心理学健康教育模式

积极心理学是美国心理学家马丁·塞利格曼(Martin E. P. Seligman)在20世纪末推动的一场心理学运动,这是对于心理学长期过度关注消极心理后的一种价值回归。积极心理学聚焦于人的发展潜能、积极情绪体验、爱与创造性等积极人格品质以及有助于发展健康身心的积极社会系统组织。[②]积极心理学认为,人的心理存在消极力量与积极力量的对立、冲突、影响与转化。在心理能量此消彼长的过程,消极能量可以转化为积极能量,而肯定、欣赏、赞美将有助于激发个人心理的积极潜能,培养起乐观向上的心理品质。

---

①　伍新春,胡佩诚.行为矫正[M].北京:高等教育出版社,2005:255.

②　张钾铭.基于积极心理取向的《大学生心理健康教育》教学实践探索.[J].神州(下旬刊),2014(07).

教育对象对思想政治教育者及其教育内容的逆反心理是思想政治教育工作取得实效的"拦路虎"。要克服这个障碍，需了解教育对象逆反心理的表现和本质，积极探索行之有效的应对方法。[①]通过思想政治工作者的积极关注、真诚欣赏、充分共情，可以有效推动大学生从消极心理向积极心理的转化。因此，大学生心理健康教育工作，要充分挖掘大学生积极心理资本，推动大学生养成自信自强、积极乐观、心理豁达、具备韧性的积极心理品质，不断提升他们在学习生活中的幸福感、成就感及获得感。在积极心理健康教育模式中，要从积极心理资本理论的概念、构成、理论出发，把积极心理理念贯穿于教育的全过程，有针对性地设计课堂教学的积极心理健康教育模块及课外思政积极心理教育方案，通过案例教学、示范观摩、团体互动等方式，激发学生积极心理能量。

（二）发展性心理健康教育模式

发展性心理健康教育模式最初由发展性心理咨询转化而来，"发展性心理辅导关心的是正常个体在不同发展阶段的任务和应对策略，尤其重视智力、潜能的开发和各种经验的应用，以及各种心理冲突和危机的早期预防与干预，以便帮助个体顺利完成不同发展阶段的任务"[②]。发展性心理健康教育就是根据学生自身不同年龄阶段身心发展的客观规律和特点，突破潜在的身心发展停滞问题，促进学生人格的不断趋于完善，达到学生可持续发展的心理健康教育模式。发展性心理健康教育模式最终要实现马克思所说的"自由个性"的概念，也就是"建立在个人全面发展和他们共同的社会生产能力成为他们的社会财富这一基础上的自由个性"，推动学生"成为自己的主人，

---

① 刘书林.思想政治教育工作应对逆反心理的方法探讨[J].思想理论教育导刊,2022(02):13-21.
② 张莜莉.基于学生主体性的高校发展性心理健康教育模式[J].江苏高教,2014(06):141.

成为社会的主人"。①

人文主义心理学一直倡导发展性心理健康教育模式，加强学生主体性发展。高校要培养高素质人才，必须要以发展的眼光解决大学生成长中潜在的困难与危机，促进大学生身心健康成长，推动大学生的全面发展。因此，发展性心理健康教育模式需体现"以学生为中心"、心理发展性的理念，凸显学生主体性，着眼于学生可持续发展，挖掘学生潜能，推动学生发现自我、提升自我的能力，并充分实现学生"自助助人"的目标。

(三)全员参与式心理健康教育模式

心理健康是一个系统工程，需要全社会的积极参与，也极为需要"家校结合"，共同致力于大学生的身心健康成长。在高校之内，更需要全体教师相互配合，通力合作，建构一个全员参与式心理健康教育模式。这需要在"全员、全方位、全过程"理念指引下，"全方位地普及相关心理健康知识宣传，开展品牌化'心成长'活动、'强体'身心素质提升行动，提升学生心理保健意识"②。

高校要以浸透式心理健康教育为理念，积极探索与创新全员参与式心理健康教育模式。高校可以通过设立学校心理咨询中心、院系二级心理辅导站，发挥基层教师与辅导员作用，致力于疏导大学生心理压力，解决心理困惑与问题。全员参与式心理健康教育模式需要充分运用各方面资源，把心理健康教育贯穿于课堂教学内外，贯穿于教书育人的各个环节。在当前大学生面临社会压力日增的情况下，不但要提前向大学生传授心理健康知识，更需要及早发现与诊断大学生潜在的心理问题，建立大学生心理预警机制以及心理危机干预机制。

---

① 彭永东.大学生发展性心理健康教育模式的理论与现实基础探析[J].文教资料,2009(07):211-212.

② 王凯丽,徐铖铖.探析以特色工作室和二级辅导站为依托的"全员"心理健康教育模式——以"心语"工作室和辅导站为例[J].科教导刊,2021(17):170-172.

三、心理健康教育的现实意义

伴随人民物质生活水平的提升,民众对心理精神层面的需求日益加大。同时,在中国社会转型与快速发展的时期,社会竞争性加强,大学生的心理层面也面临着更多浮躁心态、焦虑情绪以及未来不确定感等心理议题。加强学生心理健康水平,促进学生的身心全面协调发展,是当前高校思想政治教育、国家实施素质教育的重要内容,也是当前高校人才培养体系的重要内容,越来越受到高校教育管理者的重视。2016年,习近平总书记在全国卫生与健康大会上要求:"要加大心理健康问题基础性研究,做好心理健康知识和心理疾病科普工作,规范发展心理治疗、心理咨询等心理健康服务。"[①]在高校思想政治教育工作中,也同样需要高校重视学生的心理健康与心理咨询服务。教育部在《高等学校学生心理健康教育指导纲要》中明确指出,要"把思想问题和心理问题与解决实际问题结合起来,在关心呵护和暖心帮扶中开展教育引导,把学生的心理健康教育放在首位"[②]。

首先,心理健康教育是高校开展思想政治工作的应有之举。大学生思想政治建设就是要引导大学生爱党、爱国、爱人民,有正确的自我价值观、正确的民族国家观念、正确的世界观。大学生的思想政治水平与其心理健康水平、人格健康程度有着密不可分的关系。青年大学生处于快速成长的人生阶段,是世界观、人生观与价值观塑造的黄金时期,也是人格成长与完善的关键时期。同时,大学生认知、情感与意志仍处于多变的不稳定时期,面对当前

---

① 把人民健康放在优先发展战略地位 努力全方位全周期保障人民健康[N].人民日报.2016–08–21(01).

② 中共教育部党组关于印发《高等学校学生心理健康教育指导纲要》的通知[EB/OL].http://www.moe.gov.cn/srcsite/A12/moe_1407/s3020/201807/t20180713_342992.html.

快速发展的社会、转瞬即逝的机会、竞争加剧的就业环境,大学生较为容易出现心态失衡,出现情绪抑郁、情绪失控等心理健康问题。

思想政治教育关注学生价值观的塑造、人格养成及人的全面发展,帮助学生培养良好的政治素养与道德品质,树立正确的价值观念,这必然需要加强学生心理健康教育。心理健康教育是运用专业心理知识和心理咨询工具,结合学生的心理成长规律,进而采取科学方法使学生形成健康的心理状态。心理健康教育以心理学理论和技术为主要依托,结合学校日常教育,根据学生的身心发展特点,培养学生良好的心理素质,开发学生的心理潜能。学校可通过开设心理课程,由专门的心理教师讲授心理知识,引导学生心理健康发展。开设心理健康课程有利于学生正确认识心理问题,掌握心理保健方法,有效缓解学习生活压力,预防心理问题和心理疾病。

教育部等相关部门高度重视大学生心理健康教育,并把它纳入到高校思想政治工作中来。2016 年 12 月,原国家卫生计生委、教育部等 22 部门联合印发《关于加强心理健康服务的指导意见》,指出加强心理健康服务的重大意义,提出要积极推进心理咨询与治疗服务,科学认识心理行为问题,建立健全心理健康服务体系。2017 年 12 月,教育部党组发布《高校思想政治工作质量提升工程实施纲要》,将"心理育人"纳入高校"十大"育人体系,提出要坚持育心与育德相结合,加强人文关怀和心理疏导,深入构建教育教学、实践活动、咨询服务、预防干预、平台保障"五位一体"的心理健康教育工作格局。这需要高校在推进思想政治工作过程中,在积极引导学生树立正确的世界观、人生观和价值观的前提下,重视心理健康教育课程体系建设,构建校园心理危机预防及干预体系,积极探索学生心理健康教育的新途径,培养学生的心理调节能力,促进学生良好心理素质的形成。

其次,心理健康教育是高校塑造学生健全人格的必然要求。青春期是人格定型的时期。对于自我与他的感觉、意向和概念都基本要定型。"他的人生故事脚本也基本定型。"①心理健康对于青年学生的人格定型与发展具有重要的作用。长期以来，党与政府越来越重视心理健康教育。2017年2月，中共中央、国务院印发《关于加强和改进新形势下高校思想政治工作的意见》，提出要加强人文关怀，加强心理疏导，促进大学生身心健康发展。健全的人格意味着对自我、人际关系和社会关系有着正确的认识，具有较强的心理弹性与坚韧的品质，能够耐受不愉快的情绪、应对生活的挫折，能够顺利处理人际关系存在的问题，适应社会发展的需求。培育学生健全的人格是思想政治工作的重要内容。健全的人格也是学生拥有正确的政治价值观、政治信仰的前提。因此高校心理健康教育需要培育学生良好的心理状态、心理功能，要善于发现学生潜在的心理问题，及时纠正心理偏差，尤其需要关注存在抑郁、强迫、焦虑的群体，从源头上发现问题，采取有效措施积极介入，防止学生心理问题的泛化与升级。

相对于其他群体，大学生群体思维更灵活，追求创新，更自信乐观、价值取向更多样化、实用主义倾向较强，自我意识与权利意识也更强，心理健康水平一般较好，遇到心理问题也更愿意交谈和干预，这些是对大学生进行心理健康教育的有利方面。但是，也有一些大学生对权威的服从更弱，人际冲突、矛盾难以调解，对真实沟通敏感，容易出现紧张和焦虑情绪，这就需要及时追踪大学生心理动态，开展更为细致有效的心理引导与教育工作，帮助大学生防范心理问题，促进其人格健康完善、全面发展。

2021年11月29日，教育部召开全国高校学生心理健康教育工作推进会，强调培育学生的积极心理品质、增强学生的心理韧性、使育德育心更为有机地结合。②高校应积极关注大学生的心理健康状况，坚持面向全体学生

---

① 朱建军.人格：一生一剧本[M].北京：知识产权出版社，2018：151.
② 提高政治站位、加强源头治理、强化过程管理、完善综合保障，教育部召开全国高校学生心理健康教育工作推进会[EB/OL].http://www.moe.gov.cn/jyb_zzjg/huodong/202111/t20211130_583568.html.

开展心理健康教育，从多角度多方面为大学生提供心理支持。思想政治工作者要引导大学生加强自我心理健康教育，通过开展心理健康教育讲座、在大学课堂中增设挫折教育体验、利用团体心理辅导等方式，提高大学生的自我调节技能，增强心理弹性，有效提高大学生对不良情绪的应对能力，提高他们在学校的幸福感，减少压力、避免出现抑郁等心理问题。思想政治工作者应以科学、理性、积极的态度应对大学生的心理健康问题，善于发现大学生中存在的不健康情绪发泄或行为表现，及时主动采取专业干预措施，帮助学生化解心理矛盾，预防不良后果。高校思想政治工作者尤其需要高度关注大学生群体可能存在的情绪偏见、社会行为偏差，加强大学生边缘群体积极社会心态的培养，建立有针对性的预警机制，构建大学生心理干预机制，及时引导大学生摆脱抑郁焦虑等不良情绪。

最后，心理健康教育是高校健全育人体系机制的重要内容。育人工作就是要以人为本，围绕人的全面发展而展开。即不但要帮助大学生构建全面系统的知识体系，提升大学生的工作与社会技能，同样需要帮助大学生打造精神与心灵的家园，帮助他们实现心灵的成长，提升精神层面的幸福感。

当前人类面临气候变暖、环境恶化、核扩散、恐怖主义等全球治理问题，这对人的精神与心理世界造成一定的冲击。人类面临着同呼吸、共命运的问题，极为需要加强人类命运共同体共识。在当今高科技迅猛发展的时代，工具主义精神强化，人本主义精神受损，也造成了人类在精神世界的空虚与迷茫，从而产生心理危机。在当前社会急剧变化的变革期，大学生对于人性本善本恶、人生的价值与意义，占有还是存在等问题均有一定程度的困惑。在一个加速主义的时代，是选择"内卷"还是选择"躺平"，成为困扰大学生的一大议题。在此背景下，加强大学生对人的本性、人的生存状态、人类共同发展的人文关怀精神，防止人的异化，是高校全面育人工作的内在要求。

加强大学生心理健康教育、促进大学生健康成长是高校健全育人机制、培养高素质人才、建设人力资源强国的重要内容。2001 年教育部《关于加强普通高等学校大学生心理健康教育工作的意见》提出："要把心理健康教育作为高等学校德育的重要组成部分……心理健康教育要以课堂教学、课外教育指导为主要渠道和基本环节，形成课内与课外、教育与指导、咨询与自助紧密结合的心理健康教育工作的网络和体系。"2018 年教育部《高等学校学生心理健康教育指导纲要》中指出："心理健康教育是提高大学生心理素质、促进其身心健康和谐发展的教育，是高校人才培养体系的重要组成部分，也是高校思想政治工作的重要内容。"高校作为大学生思想政治教育的组织者和实施者，应切实促进大学生心理健康素质与思想道德素质、科学文化素质的协调发展，为实现"两个一百年"奋斗目标和中华民族伟大复兴的中国梦，提供坚实的人才保障。[①]这些政策措施的出台为加强学生心理健康教育提供了指南方向，也有助于改变当前高校育人机制长期以来更为重视知识的传授、技能培养，对人本身的关怀尚有所不足的倾向。

高校应把心理健康教育置于全员、全过程、全方位育人体制机制中，把心理健康教育融入立德树人当中，贯穿于高校课程体系、课堂建设、人才培养等各个环节。全面育人不但要在课堂之内，更要在课堂之外。在全面育人的框架下，加强大学生心理健康教育，首先需要教育工作者本身拥有健康的人格、卓越的品质与优秀的能力，要本着"十年树木、百年树人"的精神，在日常教学与人才培养各个环节，以身作则，润物无声。

---

① 中共教育部党组关于印发《高等学校学生心理健康教育指导纲要》的通知［EB/OL］.http://www.moe.gov.cn/srcsite/A12/moe_1407/s3020/201807/t20180713_342992.html.

第二节　"优化课程"：把心理健康纳入教学计划

一、心理健康教育课程的发展概述

心理健康教育课程的设置对于提升学生的心理健康水平、培育学生积极的自我观、具备良好的情绪调整能力、促进良好的人际关系、拥有现实的自我形象、形成内在统一的人生观、具备良好的自尊感与幸福感、实现人格的独立等方面具有非常重要的意义。大学生心理健康教育课程开始于20世纪80年代中期，三十余年走过了选修课初创阶段（1987—2000年）、选修课发展阶段（2001—2011年），必修课起步阶段（2012年至今）。[①] 1992年我国出版了《大学生心理卫生》教材，奠定了心理健康教育课程的基本内容。经过三十余年的不懈努力，高校心理健康教育课程及相应的教材建设均得到了蓬勃发展。当前高校在开设心理健康教育课程的同时，也越来越多地开设心理健康专题讲座与报告会，采取教师个别指导与朋辈帮扶相结合、个别谈话与团体辅导相结合的多元培养模式，推动体育、美育、劳动等其他课程与心理健康课程的联动发展，培育学生塑造积极心理品质，形成更为全面系统的心理健康教育体系。

学校心理健康教育课程在心理健康教育系统中起核心、中介和桥梁作用。心理健康教育课程建设是普及、推进和深化大学生心理健康教育的主渠道。教育部办公厅2011年发布《普通高等学校学生心理健康教育课程教学

---

① 马建青.大学生心理健康教育课程30年建设历程与思考[J].思想理论教育,2016(11):87-91.

基本要求》，提出高校心理健康教育课程是"集知识传授、心理体验与行为训练为一体的公共课程"，通过课程教学，要达到学生掌握知识、提升技能、加强自我认知的目标。① 2017 年 12 月，《高校思想政治工作质量提升工程实施纲要》提出要"深入构建教育教学、实践活动、咨询服务、预防干预、平台保障'五位一体'的心理健康教育工作格局"，"把心理健康教育课程纳入学校整体教学计划，组织编写大学生心理健康教育示范教材，开发建设《大学生心理健康》等在线课程"。② 2018 年颁布的《高等学校学生心理健康教育指导纲要》再次强调："把心理健康教育课程纳入学校整体教学计划，规范课程设置，对新生开设心理健康教育公共必修课，大力倡导面向全体学生开设心理健康教育选修和辅修课程，实现大学生心理健康教育全覆盖。"③ 2021 年《教育部办公厅关于加强学生心理健康管理工作的通知》进一步提出，加强心理健康课程建设要发挥课堂教学主渠道的作用，高校面向本专科生原则上应开设心理健康公共必修课（设置两学分），有条件的高校可开设选修课。④ 在教育部相关精神指引下，当前高校心理健康教育课程由心理健康教育学科课程、活动课程、环境课程和融合型课程等组成。高校对心理健康课程越来越重视，设置也越来越规范。但不可否认，在具体工作过程中，高校也仍然存在设置心理健康必修课程意识不足、心理健康防范意识不强、课程体系不够完善、教学团队建设不足等问题。这需要引起高校思想政治工作者的高度重视。

① 教育部办公厅关于印发《普通高等学校学生心理健康教育课程教学基本要求》的通知[EB/OL].https://xlx.ynnu.edu.cn/xlx/ReadNews.asp?NewsID=594。

② 中共教育部党组关于印发《高校思想政治工作质量提升工程实施纲要》的通知[EB/OL]. http://www.moe.gov.cn/srcsite/A12/s7060/201712/t20171206_320698.html.

③ 教育部党组印发《高等学校学生心理健康教育指导纲要》[EB/OL].http://gycye.org/index.php?a=Index&c=Index&m=content&mid=1&cid=46&aid=4806.

④ 教育部办公厅关于加强学生心理健康管理工作的通知[EB/OL].http://www.moe.gov.cn/src-site/A12/moe_1407/s3020/202107/t20210720_545789.html.

学校心理健康教育课程强调学生是课程的核心，要在学生高度自主的前提下进行，重视学生自主探索。高校心理健康教育课程不但需要包括心理健康知识的传授，而且要重视学生的心理体验和行为训练。课程的最终目标是推动学生运用所学的心理健康知识，解决生活和学习中遇到的困难和挫折，学会解决实际问题。因此，课程需要重视学生的沉浸式体验，如以情境为导向的体验式教学主张在教学过程中从教学需要出发，引入相关场景，以唤起学生的亲身体验，帮助学生深度理解，促进心理机能的全面和谐发展。体验式教学以积极心理学为指导，以学生发展的需要为出发点，注重学生的积极情感体验，重视学生的健康成长，将之运用于学生心理健康教育课程，以灵活多样的教学方式取代传统的教学方式，提高学生的学习兴趣，促进学生自主探索，使学生在轻松愉快的环境中学习，达到教学目的，提高学生的心理健康水平。

二、心理健康教育课程的对象目标

心理健康教育课程主要为提升大学生心理素质、解决大学生潜在的心理问题服务，所以首先需要深入了解大学生群体当前的整体心理状况。在当前快速发展的社会节奏下，大学生存在敌对、强迫、人际敏感等问题越来越多，心理障碍与疾病也有所增加。原国家教委组织的对全国大学生抽样调查结果表明，有20.13%大学生存在心理问题。[1]北京大学徐凯文提出"空心病"的概念，他认为30%的北大学生出现"空心病"，并指出这是"价值观缺陷所

---

[1] 仲卫,朱凤书,颜军.新时期大学生心理健康水平现状调查及影响因素分析[J].当代体育科技,2021,11(35):225-227.

致心理障碍",表现为大学生缺乏价值感与人生意义感。[①]因此,在大学生中开展心理健康教育课程势在必行,而这些课程活动的开展对于改善大学生的认知、提升大学生的心理素质确实起到了积极的作用。在一项对广东省145所高校147509例大学生进行的问卷调查结果显示,大学生对心理健康、心理咨询、《精神卫生法》等有一定程度的了解,但对心理概念性问题、在具体心理情境问题中应用心理健康等方面仍需提升。[②]在另一项对4470名学生的调研中发现,心理健康教学前后对学生心理健康测评项目分值一般提高2.5~3.0分,这表明心理健康教育课程提高了学生的心理素质,但也存在计算机信息类专业学生相对文科学生效果较为不明显等问题。[③]

在教育部门的指导下,心理健康教育课程建设得到高校思想政治工作者和心理健康工作者越来越多的重视。大学生心理健康教育课程目标呈现三个层面:一是知识层面,全面了解与掌握心理健康知识,能够运用于个体学习生活层面,拥有充分的自我保健意识和心理危机预防知识;二是意识层面,学会自我认知、自我悦纳、自我调节;三是技能层面,通过能力提升,完善心理素质,促进全面发展。心理健康教育课程目标融知识、意识、技能的培养于一体,推动学生形成良好的自我意识,拥有良好的人际关系,加强人生成就动机,增强对于生活挫折的耐受力,达到人格的日益完善。此外,课程建设还要帮助学生识别可能存在的不良情绪、认知误差与心理偏差等问题,掌握基本的心理问题应对技巧,达到"自助助人"的目标。为实现心理健康教育课程目标,需要及时了解和掌握当前高校学生的心理特点,根据其特殊性进行

---

① 北大教授称30%北大学生有"空心病",大学生应该如何自救?[EB/OL]. http://view.inews.qq.com/a/20211106A0254N00.

② 李怡和,伍翔,丁哲顾,李学盈,黄秋芬.广东省高校大学生心理健康教育知晓率调查研究[J].心理月刊,2021,16(13):20-22.

③ 陈春晓.高职院校心理健康课程教学效果调查与研究[J].武汉船舶职业技术学院学报,2021,20(04):83-85.

针对性的心理教育教学，最终提高学生对课程的认同感。根据大学生不同专业特点，将专业课程与课程思政有机地结合起来，增强学生投身心理健康事业的使命感和责任感。

如何在有限的教学条件下提高教育的针对性是大学生心理健康教育课程建设的首要困难。心理健康教育课程需要照顾到不同年级、不同专业、不同性别、不同发展关键点、不同心理背景的大学生的不同心理需求。在对某市654名大学生的调查中发现，男生相对于女生的心理健康状况更好一些，男生人际关系评价与心理健康之间的正相关高于女生，心理健康水平越低的学生，对自己人际关系状况的满意度越低。[①]在另一项对2020级4620例新生的调研中，则发现不同性别学生在焦虑、偏执+攻击+冲动维度差异具有统计学意义，女生表现得更为焦虑，男生表现得更具攻击性。[②]一项对江苏省内不同类型高校的大学生进行心理健康调查发现，单亲组大学生心理健康水平在"幸福体验""人际和谐"和"情绪调控"3个方面显著低于非单亲组大学生，因此对单亲家庭大学生开展心理健康教育需要根据性别、生源地及学校类型，设置不同的心理健康目标和内容，采取更有针对性的教育策略。[③]这些差异性的存在要求心理健康教育课程提供不同的内容体系、不同的内容呈现方式、不同的阶段性目标。高校除了开设必修课外，还需要面向有特殊需要的群体开设更具有针对性的选修课，从而形成更为完善的心理健康教育课程体系。

① 陈立泰.大学生心理健康在人际交往问题中的调查研究[J].科技资讯,2021,19(31):169-171.

② 吴小燕,祁雷,章葳蕤,杨利梅.大学生心理健康状况调查分析[J].心理月刊,2022,17(04):226-228.

③ 李欢欢.单亲家庭大学生心理健康现状与特点——基于江苏省高校的调查[J].江苏第二师范学院学报,2021,37(06):107-111.

三、心理健康教育课程的内容方法

心理健康课程不但需要传递学生心理健康知识，更重要的是通过课程可以帮助学生增强自我认知能力、自我调节能力、人际沟通能力，增强大学生的自信心和耐挫力，提升心理功能和心理素质。为达到这一目标，课程内容的设置非常重要。2011年，教育部办公厅发布了《普通高等学校学生心理健康教育课程教学基本要求》，提出心理健康教育课程内容包含了大学生心理健康基础知识，了解自我、发展自我，提升自我心理调适能力，大学生人际交往，性心理及恋爱心理，压力管理与挫折应对，生命教育与心理危机应对七大方面的内容，并对每个方面的教学目标、教学内容与教学方法提出了具体的要求。[①]在教育部相关精神指引下，大学生心理健康教育课程通常包含了个人情绪、人际关系、恋爱关系、职业规划、个人发展等模块。在内容上包含对心理健康的理解与评价，识别心理异常的标准和分类，引导大学生了解学习动机分析、厌学原因及提升学习效率的策略方法，传递大学生情绪管理与调适的系统知识，引导大学生学会识别情绪、识别心理防御机制、改变不良认知，加强大学生人际交往的心理调适，传授大学生爱情与性心理知识，指导大学生进行职业生涯规划，教导大学生学会心理危机应对方法，以及推动大学生自我完善与发展。

总体上，大学生心理健康教育课程内容日趋丰富，形成以发展为主、以预防为辅，兼顾危机干预为主要内容的课程体系。一是要面向全体学生，立足幸福感和价值感，重视大学生积极情绪情感的体验、健全人格的建构、自我成长的潜能开发、良好人际交往的互动及创造性思维的养成，以获得积极

---

① 教育部办公厅关于印发《普通高等学校学生心理健康教育课程教学基本要求》的通知[EB/OL].https://xlx.ynnu.edu.cn/xlx/ReadNews.asp?NewsID=594.

的心理品质和人生态度;二是特别关照学生的心理困惑、心理异常,立足预防,以提高心理健康意识、解决现实困惑为目标;三是对心理危机的警醒,关注特殊人群、特殊事件、特殊节点,实现早发现、早干预。这三方面的课程内容可以适应处于不同心理成长阶段及不同心理发展程度的大学生的多方面需求。

高校心理健康课程旨在帮助培养大学生积极健康的精神状态,尤其是学会识别心理障碍、心理疾病,这意味着教师不但需要指导学生学习心理学理论,而且还需要把心理辅导、心理咨询的基本方法技术融入进来,把理论知识教学以及个体、团体心理辅导和宣传教育等工作融为一体,并推动心理健康教育与大学生的思想政治教育实现更好的结合。

当前大学生心理健康教育课程形式日益多元化,需要融合知识传授、心理体验与行为训练等多种形式。这不仅需要知识传授,还特别强调积极的心理体验和有效的行为训练,在知、情、意、行的统合中达到心理状态的改变和心理素质的提升。为了促使学生更好地理解心理健康教育课程的内容,掌握基本的知识点,并具有学以致用的能力,在课程教学过程中,需要发挥教师与学生的主体能动性,增加学生的互动参与,把案例分析、名人心理故事、小组讨论、团体训练、角色扮演、心理测试、心理互动与训练、小讲堂等环节融入教学过程中。此外,心理健康教育课程还要与举办专题心理讲座、大学生心理健康节活动以及心理健康教育宣传工作结合起来。

在"互联网+"时代,心理健康教育课程还需要充分运用互联网工具,提供更为丰富的网络学习资源,建设线上线下混合式课程,发挥传统课程与网络课程交互优势作用,既发挥教师引导作用,又发挥学生的主体性,积极打造实践课堂。[①]在课程效果评估方面,要建立学生评价与同行评价相结合的、

---

① 代俊,袁晓艳,李仁莉."互联网+"背景下的混合式课程改革——以"大学生心理健康"课程为例[J].西昌学院学报(社会科学版),2021,33(03):119-123.

更为完善的课程评价体系,改变单纯从传统的课堂出勤、讨论、作业、考试等方式进行评价,增加评价学生心理功能的变化部分,以达到更全面的综合评价效果。①

高校思想政治教育工作具有调节学生心理状态、促进学生健康发展的价值导向作用,把心理健康教育融入思想政治教育,是一次伟大的教育尝试,也是一次对中学生心理健康教育的重要经验。通过"知行合一"的训练,打造大学生心理健康教育课程特色,是当前心理健康教育课程面临的一大难点。因此,如何在给大学生打下坚实的心理基础的同时,激发学生的学习心理兴趣和热情,加强践行意识,成为当前心理学课程课堂教学的重要任务。如何开展有效的心理健康教育工作,帮助大学生提高应对不良环境因素的能力,转危为机,是高校心理健康教育工作要探讨的重要工作方向。

优化大学生心理健康教育课程,不仅要给学生上好课,还要给教师、家长上好课:给教师开设心理健康教育课程,旨在提高教师心理健康水平,优化学生心理环境;要帮助教师挖掘本学科大学生心理健康教育资源;学会识别、发现心理危机,达成全员心理健康教育目标;给家长开设心理健康教育课程,帮助学生解决原生家庭问题,建立良好社会支持系统。

总之,大学生心理健康水平的提升是一项长期工程,需要在工作中不断总结经验。如何做好当前和今后很长一段时间内特殊环境下的大学生心理健康教育工作,是高校日常思想政治教育工作的重要内容之一。

---

① 吕泊怡,黄欢,赵智军.CIPP评价模式下高职院校心理健康课程评价指标体系的构建[J].闽西职业技术学院学报,2021,23(02):88-91.

第三节 同向协力:
发挥教师、班主任、辅导员的作用

一、建立心理健康教育工作者队伍的重要性

心理健康教育教师对于促进高校学生心理健康水平具有重要的作用。心理健康教育教师具有"传道、授业、解惑"的任务。教师首先是一位"传道者","道之所存,师之所存也",心理健康教师以身作则,做学生的表率与榜样,传授学生为人处世之道,用自己的人格力量,引导与塑造学生的世界观、人生观与价值观。心理健康教育教师还要掌握心理学规律,帮助学生实现个人的成长,如阿德勒所说:"老师若想吸引孩子的注意力,就要知道这个孩子以前对什么感兴趣,并且要告诉他,不管是在以前感兴趣的方面还是其他方面,他都会取得很好的成就。"[1]心理健康教育教师不但是"传道者",还是"授业者",是课程管理者与知识传承者,需要通过心理健康教育帮助学生建立系统的心理健康知识, 并引导学生把理论知识运用于现实生活实践中。最后,心理健康教育教师应该是一个"解惑者",洞察学生内在心理世界,要善于发现学生的心理需求、心理困惑,做学生的朋友,"学高为师,身正为范",对学生起到潜移默化的作用。

学校心理教育工作者是学校心理健康教育的实施者, 包括从事学校心理健康教育的教师、学校心理健康教育中心心理咨询工作的老师,以及帮助

---

[1] 阿弗雷德·阿德勒.自卑与超越[M].李青霞,译.沈阳:沈阳出版社,2012:110.

学生开展生涯辅导和规划的教师等受过学校心理健康教育专业训练的专业人士。学校心理健康教育是一门特殊的学科，需要掌握专业知识，具有很强的科学性、知识性和专业性，因此学校心理健康教育工作者必须要经过严格且规范的训练，具备良好的专业技能、知识和相应的素质。学校心理健康教育工作者对学校学生教育、日常教学工作与管理提供指导、决策和咨询服务，促使学校教育教学和管理工作更符合教育规律，符合学生身心发展规律。他们的主要任务是为学生进行心理发展服务，预防心理问题的发生，进行心理健康评估，加强学生心理健康教育，对心理问题进行干预和矫正。

近年来，党和政府越来越高度重视对高校心理健康教育工作队伍的培养工作，中共中央和国务院颁发了一系列有关加强高校心理健康教育工作者队伍建设的相关意见和条例。早在 2001 年 3 月，教育部就颁布了《关于加强普通高等学校大学生心理健康教育工作的意见》，明确规定要加强高等学校大学生心理健康教育工作队伍建设，"实行主管校领导负责，以学生思想政治教育工作教师为主体，专兼结合的工作体制"，"通过专、兼、聘等多种方式，建设一支以少量精干专职教师为骨干，专兼结合、专业互补、相对稳定的高等学校大学生心理健康教育工作队伍"，并对心理健康教育的主要任务、内容、原则、途径与方法等作出了具体的规定。[①] 2021 年《教育部办公厅关于加强学生心理健康管理工作的通知》规定："高校按师生比不低于 1∶4000 比例配备心理健康教育专职教师且每校至少配备 2 名。加大心理健康教育培训力度，对新入职的辅导员、研究生导师开展心理健康教育基本知识和技能全覆盖培训，对所有辅导员每 3 年至少开展 1 次心理健康教育专题培训。支持辅导员攻读心理学相关专业第二专业硕士学位。"[②] 当前，各高校高度重视

---

① 教育部关于加强普通高等学校大学生心理健康教育工作的意见[EB/OL].http://www.moe.gov.cn/s78/A12/szs_lef/moe_1407/moe_1411/s6874/s3020/201001/t20100117_76896.html.

② 教育部办公厅关于加强学生心理健康管理工作的通知[EB/OL].http://www.moe.gov.cn/src-site/A12/moe_1407/s3020/202107/t20210720_545789.html.

心理育人工作，加强领导，开设心理健康教育课程，建立心理健康咨询室或辅导中心，配备必要的心理健康教育软硬件设施，加强专职心理健康教师的培训，聘请兼职心理咨询师，设立学院心理负责人等，建立专职心理健康教育工作团队。

高校要加强对专业心理健康师资队伍的建设，配备一支专业知识结构合理、性别年龄结构合理、知识背景多样化的、高素质高水平的心理健康教育教师队伍，培养专职教师骨干，引入兼职教师的力量，实现专兼职结合。强化高校全员心理健康教育意识，心理素质培养不能只靠数量有限的专业心理健康教育教师，只局限于课堂教学和课外辅导，还要充分调动学校全体师生的共同努力。扩大心理健康教育教师在思想政治教育教师中的比例，加快充实心理健康教育教师队伍。但是也需要看到，心理健康教育工作者在高校中处于一种边缘化状态，得不到普遍认同，主体性得不到体现，[①]工作过程容易受到不良情绪的冲击，造成身心的耗竭等现象。高校要积极解决心理健康教育工作者工作压力大、缺乏社会支持、缺乏督导、缺乏继续教育机会，以及由此带来的职业倦怠等问题，也需要着手解决专业法律与伦理规范不足等问题。[②]而对于高校心理健康教育工作者存在职业定位模糊、专业胜任能力不足、专业发展受阻，以及个人成长缓慢等现实性问题，则需要从培养模式制度化、队伍建设专业化、个人成长持续化出发，实现突围，提升心理育人的质量。[③]高校要加大专项经费投入，建立高校心理健康教育工作者培养课程的资质认证制度、完善心理咨询资格认证制度，建立完善的考核与奖励体系，激发教师队伍的热情，全面提升心理咨询教育工作者的工作能力。

---

① ③ 　钟歆，岳松君，肖清滔.新时代高校心理健康教育工作者的困境与突围[J].重庆理工大学学报(社会科学),2020,34(06):129-136.

② 　陈毕晟.关于高校心理健康教育工作者专家化的思考[J].思想理论教育导刊,2013(01):121-123.

二、提升心理健康教育工作者工作能力的探索

心理健康教育的成效有赖于心理教育工作者的人格水平与专业技能。提高心理健康师资队伍整体水平,需要加强对师资队伍的全员培养,提高心理健康教育教师的整体素质与能力。首先,高校需要提升心理健康教育工作者的人格水平,加强对他们职业操守的培训,培养他们具有坚定的政治信仰,拥有正确的世界观、人生观与价值观,具有奉献精神与助人精神。心理健康教育教师本身必须要拥有健全的人格,这是心理教育工作的起点。因此,需要高校加强对心理教师队伍心理素质、人格健康等方面的入门考察,并为心理健康教育教师提供更多的个人体验与督导的机会,帮助他们更好地实现个人的成长。心理健康教育工作者往往会遇到价值中立还是价值指导、保密还是公开、替学校负责还是替学生负责等价值干预、职业操守与角色冲突的问题,这需要加强心理咨询专业人员的培训,提高专业化水平,坚持心理咨询的基本原则与规范。①

其次,高校要加强心理健康教育教师的理论与实践专业化水平的培训。高校心理健康教育作为一门时代性、科学性较强的专业化教学工作,必须精准培养具有高专业化水平的心理健康教育教师队伍。但高校心理健康工作者有专职人员,也有兼职人员,有的并不具备心理学学位,而心理咨询师的培养过程是一个长期过程,不可能一蹴而就。这需要高校全面提升心理健康教育教师的专业知识能力,需要加强对心理健康教师的心理专业知识与实操技能培训,构建完备的知识体系。针对当前在心理健康教师培养上存在重理论轻实践的导向,应用技能不足,学到的知识不能够适应健康教育的实际工

---

① 童三红.高校心理健康教育工作者不容回避的两难问题及处置[J].中国成人教育,2013(18):50–52.

作需要等问题,高校尤其要重视心理健康教育工作者实践技能和经验的培养,要关注专业化理念的引导,注重教师伦理的构建。[①]针对心理健康教师人员流动性较大、实践机会较少、参加各种学术会议工作坊督导的机会有限等问题,需要高校为心理健康教育工作者创造更多的职业培训与学术交流机会。

当前高校心理健康教育工作模式需要从事件驱动型为主的"亡羊补牢"式转向事前引导式,从面对个别学生转向面对全体学生,更多关注学生的个体差异,提供有针对性的分层分类个性化心理健康服务模式。这需要充分发挥心理健康教育教师、班主任与辅导员的积极作用,形成心理健康教育之协同合力。

高校除了专职的心理健康教育教师承担学生的心理健康教育工作外,还需要积极引入兼职教师的加入。教师除了提供心理健康教育课程外,还需要给有特别需要的学生提供心理咨询服务或者1对1的个性化辅导。高校专兼职心理健康教育教师人数有限,还远远不能满足当前大学生的心理需求,这需要充分发挥人生导师、专业导师与班主任的积极作用。作为导师或班主任,他们与学生有着更频繁的接触,更容易发现学生潜在的一些情绪问题与心理隐患,这需要他们具有一定的洞察力与敏感性,善于发现学生存在的问题,以便及时帮助有需要的学生能够更好地对接专业的心理健康教育工作者,及时消除心理隐患。高校教师需要注重协调学生与家长之间的关系,更好地实现家校联合,推动家长更好地理解孩子,配合老师做好学生的心理健康教育工作。高校要将家长纳入到学生教育的体系中来,让家长参与学校管理,了解学生在校的状态,同时也将学生在家庭中的状态和问题反馈给学校,综合各种信息对学生实施有的放矢的教育,更合理地推动学生的身

---

① 程路,杜若溪,李凡叶.发达国家和地区与我国学校心理健康教育工作者培养模式的比较及启示[J].教育现代化,2020,7(20):191-193.

心成长。

辅导员是学生的亲密带领人,他们和学生接触多,最了解学生的生活、遇到的问题和产生的困惑。辅导员要从整体育人工作角度加强学生心理健康教育,通盘考虑,统筹推进,将全员、全过程、全方位育人真正落到实处。辅导员要调整惯常的工作习惯,把心理健康教育和思想政治教育的内容进行区分和联系,这样才可以更好地开展心理健康教育。心理健康教育是思想政治教育工作中的重要组成部分,虽然两者的开展目标都是要实现立德树人教育,但是心理健康教育课程需要更加重视其教学目标、教学理论基础以及价值取向和研究对象的特殊性。辅导员在进行心理健康教育的过程中,还要注意不能把心理健康教育课程当作医学化和学科化教育课程,在开展心理健康教育工作时,不能一味地进行心理学专业知识和分析心理学等相关理论知识的灌输,而是要按照学生们的实际心理发展需要开展心理健康教育,这样才可以真正地解决大学生们遇到的问题,调整学生们的心理状态,并以此为出发点,完善心理健康教育课程,实现理论知识教学和实践性教学的充分结合。辅导员要利用与学生紧密联系的优势,经常深入课堂与公寓,了解学生的学习与生活情况,把握学生的思想特点和关心的问题,借助于包括网络在内的不同渠道来开展心理健康教育。

辅导员在运用网络心理咨询的时候,尤其需要注意以下四点:第一,辅导员要对线上线下教育的优势和特点形成充分的认识,利用其优势,克服网络心理健康教育的不足。第二,辅导员在解决大学生心理健康问题时,还要分析这些问题是否适合通过网络咨询来解决,如果只适合当面进行沟通,辅导员要和学生们在现实生活中形成紧密的沟通联系,便于对大学生进行心理问题的开导和解决。第三,辅导员是大学生们形成良好品格的引导者和组织者。辅导员在开展网络心理健康咨询教育的同时,还要以心理健康教育的特殊性原则为教育的基础:比如一些学生不愿意公开自己的身份,所以辅导员要尊重学生的保密性心理，遵循心理健康教育特殊性原则中的保密性原则及职业操守，保护学生的秘密和隐私，无论在网络中还是在现实生活工作中，都要尊重大学生们的实际需求，尽量满足他们的心理需求，培养学生们健康的心理。第四，要加强对学生的人文关怀，利用网络的优势进行心理健康教育，使心理健康教育更加具有人文关怀精神，所以无论多媒体和信息技术带来怎样的便利，辅导员都要重视心理健康教育的最终目的，并且还要遵循人文关怀原则，关心、爱护和尊重大学生们的心理发展，真正发挥出高校辅导员在大学生心理健康教育工作中的作用。

在高校心理健康教育中，要注意将心理健康教育融入专业学科、课程设置和日常生活中，使心理健康教育形成一套规范、科学的体系。高校心理健康教育服务工作是一项复杂多样的工作，需要国家、社会、学校各部门、家庭的共同努力，也需要不断提高心理健康服务的专业水平，提高管理人员和从业人员的素质。

第四节　科学预防：完善心理健康教育工作机制

一、完善心理健康教育工作机制的紧迫性

在加速主义时代，人们面对的外部压力越来越大，因此国家对大学生心理素质的培养也越来越重视。学校心理健康教育的目标不仅是解决部分学生的心理问题，而且要面向全体学生，引导学生顺利应对发展危机，预防心理问题。完善心理健康教育工作机制是保障心理健康教育有效开展的前提。2018年，教育部出台《高等学校学生心理健康教育指导纲要》，指出心理健康

教育工作体系包含教育教学体系、实践活动体系、咨询服务体系、预防干预体系四部分内容。①针对当前的客观现实,高校亟须加强预防干预、"全员育人"、协同合作、网络服务四大方面工作机制的建设。

第一,亟须加强心理健康预防干预机制,改变重危机干预而轻预防教育的不足。近年来,随着社会节奏的加快,学生的升学压力越来越大,心理健康问题也越来越多。冰冻三尺非一日之寒,心理危机的发生并非一时想不通,而是长期积压的消极情绪被诱发的结果,背后通常有着人格上的缺陷,所以日常的心理健康教育应当成为高教建立健康教育的工作重点。心理健康教育并非仅仅只是为了预防和处理大学生忧郁、自杀等危急情况的发生,更是对学生健康人格的循序渐进地培养。从当前高校心理健康中心的实际工作看,其工作重心在于危机干预而非预防教育。在各种外在因素的共塑下,大学生受到生活事件刺激且他们找不到解决问题的方法时,容易产生心理失衡,甚至产生心理危机。而当这种心理事件甚至是心理危机呈现出越来越多的境况时,客观上高校心理健康工作者就更加难以平衡地开展预防和救治两方面的工作。为此,需要加强"心理健康预防-干预平衡"工作机制,开展心理健康测评工作,定期开展心理异常情况研判会,加强心理健康辅导,力争从源头上疏导与解读学生的心埋健康问题。

第二,需要加强心理健康"全员育人"机制,改变单纯依赖专职心理健康教师工作的误区。当前社会对大学生心理健康教育普遍存在一种误读,认为心理健康教育只是专职心理健康教师的工作,这虽然看到了专业心理健康教师的重要作用,却忽视了大学生健康人格的教育是"全员育人"工作的一部分。所以大学生的心理健康教育工作,并非只是人数、精力都非常有限的专业心理健康教师的责任,而是需要依靠学校的整体力量,健康的文化环境

---

① 中共教育部党组关于印发《高等学校学生心理健康教育指导纲要》的通知[EB/OL].http://www.moe.gov.cn/srcsite/A12/moe_1407/s3020/201807/t20180713_342992.html.

才能培养出健康的人格。所以要在"全员育人"理念的指引下,以培养、塑造大学生健康的心理作为大学生心理健康教育的根本目的,不断推进高校心理健康教育工作,积极搭建开展工作的有效载体,切实发挥工作实效,取得大学生心理健康教育的最优效果。

第三,亟须加强心理健康教育协同合作机制,改变分割化管理现状。心理健康教育是一个系统工程,需要政府、学校、媒体与社会的合力,需要心理健康教育工作者、高校管理人员、高校普通教师的通力合作,不但需要加强师生之间的互动合作,还需要加强朋辈之间的相互协助。但在当前高校的心理健康教育工作中,条块化、分割化管理现象明显,这需要加强整合相关的心理健康教育的资源与力量,建立"学校、院系、班级、宿舍、个人"预防网络机制,建立家校协同干预机制,加强与专业心理机构的协同合作,建立系统完备的协调合作机制。

第四,亟须加强心理健康教育网络服务机制,改变传统单一服务模式。随着社会压力的增加,大学生的心理健康服务需求越来越大,但有的大学生的心理健康理念相对滞后,存在一定程度的"讳疾忌医"现象。当前大学生的心理健康服务形式较为单一,不能满足大学生多样化的心理需求,这需要建立多种形式的心理健康服务体系,顺应"互联网+"信息化社会发展趋势,加强网络心理咨询服务,为一些因为各方面原因不能到现场咨询的学生提供服务便利。尤其是在新冠疫情冲击下,面对面的心理咨询受到一定程度的限制,更需要加强心理健康网络服务。

学生的心理素质是人才培养质量的一个重要指标,学校心理健康教育既要看到学生的心理问题,又要解决学生的心理问题,更要防止学生产生心理问题。心理健康教育工作不仅是针对少数心理问题的学生,更要注重学生整体素质的提高。只有不断加强与完善心理健康教育工作机制,才能更好地为学生提供优质的心理健康服务,并在心理健康教育工作中取得更大的实效。

二、加强心理健康教育工作机制探索

随着社会的变迁与大学生群体的发展,自1995年原国家教委发出《中国普通高等学校德育大纲(试行)》到党的十七大报告中提出要"注重人文关怀和心理疏导,用正确方式处理人际关系"[①],再到党的二十大报告提出:"重视心理健康和精神卫生"[②],高校大学生的心理健康越来越受到党和国家的重视。教育部为加强大学生心理健康教育,优化大学生心理品质,开展了以下五个方面的工作:强化政策引领,推动挫折教育规范发展;建设课程体系,把心理健康教育融入课堂教育教学;完善体制机制,加强对心理健康教育的研究;开展宣传活动,营造心理健康教育良好的社会氛围;推进队伍建设,提升心理健康教育工作水平。[③]

社会主义现代化建设人才需要具备良好的思想道德素质、心理健康素质和文化素质,而心理健康素质又是人才综合素质的一个重要的体现。心理健康教育的实施,涉及方方面面的资源,除了高校要发挥育人功能以外,还应充分调动家庭、社会各方力量,更重要的是要充分调动并发挥学生自身的能动性,形成教育合力,使心理健康教育的功效最大化。[④]但是当前高校心理健康教育工作还存在防患于未然意识误区、体制尚未健全、存在落后与进步地

---

① 胡锦涛.高举中国特色社会主义伟大旗帜,为夺取全面建设小康社会新胜利而奋斗——在中国共产党第十七次全国代表大会上的报告[M].北京:人民出版社,2007:35.

② 高举中国特色社会主义伟大旗帜 为全面建设社会主义现代化国家而团结奋斗——在中国共产党第二十次全国代表大会上的报告[N].人民日报,2022-10-26(04).

③ 高校思想政治工作质量提升工程实施纲要[EB/OL].http://www.moe.gov.cn/srcsite/A12/s7060/201712/t20171206_320698.html.

④ 李新纲,张艳.高校大学生心理健康教育协同发展模式探析——"一制统领,两线结合,三点关注,四方联动"的同心同行同向同进模式[J].太原城市职业技术学院学报,2018(10):87-89.

区差异问题、普及率不高、针对对象狭隘等问题。[①]因此,加强高校心理健康教育工作机制,具体而言,需要加强以下四个方面的工作:

第一,加强心理健康预防干预工作。心理健康教育要坚持"以人为本",保障人的全面发展,首先需要树立"教育在先、预防在前"的理念。大学生本身也存在一定程度"讳疾忌医"的现象,担心做心理咨询会被认为有心理疾病,并容易对别人的看法心存疑虑。这需要通过为大学生开设心理健康必修课与选修课、心理健康讲座、心理健康研讨等多种形式,为学生普及心理健康知识,引导学生建立正确的心理健康意识,帮助学生处理好学习、交友、就业等问题,尤其是有效应对诸如师生矛盾、情感纠纷、网络沉迷与校园欺凌等问题。高校通过加强心理健康教育讲座、心理咨询活动等,疏导可能存在的怨恨、愤怒、委屈等负面情绪,提升学生的身体健康自我保健意识以及心理自助能力,激发他们心理健康教育的主观能动性。1978年格雷和霆多尔(Gray & Tindall)提出"朋辈咨询"的概念,鼓励来自朋辈等非专业工作者采取的帮助行为。朋辈因为年龄相仿,具有较多的共同经历与相似的情感体验,彼此容易交流并产生共鸣,同行陪伴在心理健康的预防与干预工作中往往可以起到一些意想不到的重要作用。心理健康预防干预工作还需要积极完善"学校、院系、班级、宿舍、个人"预警防控体系,完善心理危机干预工作预案,建立转介诊疗机制,提升工作针对性与前瞻性。

第二,加强心理健康"全员育人"工作。心理健康教育贯穿教育的全过程,体现在教育的细微之处。因此,心理健康教育需要有"全员育人"理念指引,不但需要心理健康专业教育工作者的努力,还需要教育管理工作者、专业导师、班主任、辅导员的通力合作。当前各地各高校加强了心理健康教育专业师资队伍建设,专职人员配比逐步扩大,许多高校已经达到师生比1:

---

① 耿乃国.高校辅导员工作理论与实务[M].北京:北京师范大学出版社,2011:98.

4000 的基本标准，有的还达到了 1:3000。除了配比人数的增加外，"全员育人"工作还需要加强教师专业化培养理念，心理教育工作者不仅要掌握心理学的核心知识，具有很强的人际交往能力，遵循心理咨询伦理，还要加强专业实践能力的培养，保证心理健康工作者有一定的实践经验和实习时长。

第三，加强心理健康协同合作机制建设。大学生心理健康工作是一个长期的系统工程，需要加强政府、学校、媒体、家庭与社会的协同合作机制建设。"要充分发挥报纸、电视台、广播电台、校园网络、橱窗、心理教育专刊等媒介的作用，最大限度地宣传普及心理健康知识。"①加强大学生心理健康可以通过学校社团组织丰富校园生活，通过组织积极向上的文化体育活动，加强音乐教育，为大学生情绪的宣泄与释放提供更多的渠道。大学生的心理健康工作离不开家庭的支持，高校需要建立家校联动机制，包括信息共享平台，家校联合应对机制，共同解决潜在的心理隐患及突出的心理危机。

第四，加强心理服务支持体系建设。习近平总书记在党的十九大报告中提出，要"实施健康中国战略"②，不断加强社会心理服务体系建设，培育自尊自信、理性平和、积极向上的社会心态。2020 年 4 月，教育部等八部门印发《关于加快构建高校思想政治工作体系的意见》，明确要求把心理健康教育课程纳入整体教学计划，规范发展心理健康教育与咨询服务。③加强心理健康支持服务体系，需要融专业力量与社会力量于一体，把心理健康服务贯穿于预防科普、测评追踪、指导支持和咨询干预各个环节，一方面加强课程服务，另一方面鼓励心理健康志愿者服务，加强专业心理咨询服务，把个体咨

①　陈灵泉，王迅，成宏涛.高校大学生心理健康教育工作机制探讨[J].中国石油大学胜利学院学报,2008,22(04):71.

②　习近平.决胜全面建成小康社会　夺取新时代中国特色社会主义伟大胜利——在中国共产党第十九次全国代表大会上的报告[M].北京:人民出版社,2017:48.

③　教育部等八部门关于加快构建高校思想政治工作体系的意见[EB/OL].http://www.moe.gov.cn/srcsite/A12/moe_1407/s253/202005/t20200511_452697.html.

询与团体咨询相结合，有效解决大学生潜在的学习、人际交往、恋爱交友等心理问题。在当前"互联网+"迅猛发展的时代，需要加强心理健康科普网络宣传，规范发展心理健康服务机构，建设心理健康援助服务平台，健全社会心理服务网络，构建心理健康网络咨询服务体系，为大学生心理健康成长提供坚实的社会支持体系。

　　尽管近年来高校心理健康教育工作取得了良好的进展，但同时，不同地区、不同类型高校学生心理健康教育依然面临一些问题。加强心理健康预防干预、实施"全员育人"、加强协同合作及社会服务机制，提升大学生心理健康素质，主要还是通过心理健康教育，让学生掌握积极的思维方法，理性地看待社会与自己。所以要充分创设条件，发挥第一课堂的主渠道作用，运用心理学科学理论，结合大学生的心理特点，根据学生遇到的实际问题进行心理健康知识教育。要尽早开展心理健康教育课程，增加覆盖面，让更多的青年学生在其成长的关键时期能得到相应的辅导。同时，还要活跃第二课堂的形式，结合学生兴趣开展拓展训练、阅读分享、影视赏析等心理健康教育活动，加强对学生心理健康社团的指导和支持，通过朋辈影响推动心理健康教育的普及。

第五章　个案分析：高校思想政治工作日常教育体系的功能显现

第一节　深化实践教育

案例一　构建高校实践育人体系：

　　　　安徽师大近万名师生通过暑期社会实践学史力行①

　　"去年因为疫情我们没能守约，今年就算已经毕业了，我也一定要履行我的承诺，再来给你们当老师。"郭仁龙站在四川省南充市阙家镇光明小学

---

　　①　教育部–中国教育报.青春在志愿服务中绽放　安徽师大近万名师生通过暑期社会实践学史力行［EB/OL］.http://www.moe.gov.cn/jyb_xwfb/xw_zt/moe_357/2021/2021_zt02/jinzhan/gexiaogeidi/202108/t20210813_550904.html.

的讲台上,台下是四十多双充满期待与喜悦的眼睛。作为安徽师范大学 2017 级应用心理学专业的学生,他跟随安徽师大"情系川皖·圆梦巴蜀"山区留守儿童支教团来此支教。

这是该团队第 14 年开展暑期社会实践。"今年我们的支教会更注重对孩子们的红色教育,把革命的故事讲好、把英雄的故事讲好,加深他们对党的伟大征程和光辉历史的认识。"2019 级酒店管理专业学生黄芯茹作为队长,强调此行的教学重点。

大山里的孩子们没有出过远门,团队成员们特地带来了"'总书记的红色足迹'智慧'云地图'"。南湖红船、红军长征会师纪念园、渡江战役纪念馆……安徽师大地理与旅游学院师生围绕党的十八大以来习近平总书记亲自考察的红色党史教育基地,运用定位、建模、"互联网+"等技术制作成"云地图",深受小学生们的喜爱。

"我从孩子们惊喜又渴望的眼睛中看到他们对党史知识的渴求,感受到他们对党的崇敬之情,我的责任感也油然而生,能把知识带进大山,就是我作为一名预备党员最有意义的工作。"郭仁龙说。

在中国共产党成立 100 周年之际, 安徽师大 118 支校级重点实践团队足迹遍布全国近 20 个省份,千余名"小先生"在山区、社区、课堂、工厂,开展习近平总书记"七一"重要讲话精神宣讲。

"在对铜陵市义安区社区宣讲的备课中,我们想讲透习近平总书记'人民就是江山,江山就是人民'的重要论述,经过讨论和收集资料,最终找到了马毛姐和吕其明这两位安徽籍'七一勋章'获得者作为宣讲的切入点。"2019 级思想政治教育专业学生雷霁雯搜集了近 2 万字的资料,4 名宣讲团成员来回改了 8 遍宣讲稿,才在教师的指导下最终定稿。

"从选题、撰稿到试讲等每个环节,都是学生主动参与,我们只从旁指导,让他们在思考与论辩中进一步加深对党史相关理论知识的认知与认同,学透了，也就能讲明白了。"宣讲团指导教师、该校马克思主义学院教师聂圣平说。

"理论+宣讲""理论+观影""理论+参观"……宣讲团成员摸索出了丰富的宣讲方式。校内两名省委党史学习教育专家带领近 200 名专家学者和优秀学生党员组建了 12 支师生宣讲团，巡回宣讲 100 余场，基层一线宣讲惠及人群达 2 万余人次。

2021 年暑假，安徽师大还有近万名志愿者通过各种类型的暑期社会实践活动，响应"百年征程波澜壮阔，百年初心历久弥坚"的号召，将学党史从书本搬到田野，在为人民办实事的过程中实现自己的青春价值，用专业知识为城乡建设与发展奉献光和热，抒写着他们在志愿服务路上的坚守和执着。

"沈福安老人来到六安市霍山县佛子岭时，刚刚 20 岁，和我现在一样的年纪。他用一辈子修建淠史杭灌区、守护佛子岭水库大坝，我能做些什么有意义的事呢？"在赴霍山"讲好大坝故事·传承红色基因"暑期社会实践团队的总结汇报会上，2020 级播音与主持艺术专业学生姚巧巧分享了她的思考，"自力更生、顽强拼搏是淠史杭精神的写照，沈福安老人也多次在采访中要我们把这精神传承下去，我们一定会让老人放心，任何时候都不忘拼搏奋进，把有限的生命投入到祖国的建设中去，不负青春"。

15 天的亲身实践，队员们探访佛子岭水库大坝，对淠史杭精神的感悟不断加深。他们用 13 篇稿件、29 篇推文和 3 个专题视频致敬他们心中那座永远屹立着的精神丰碑。

"学史力行是党史学习教育的落脚点，我们搭建暑期社会实践这个平台，让青年学子在广袤的乡村大地上不断突破自我，让信仰之火代代接力，让红色基因薪火相传，让青春在'办实事'中绽放绚丽之花。"该校团委书记汪凯说。

【评析】

"生无机巧姿,所贵唯实践。"社会实践是青年学生走出课堂认知社会的主要途径,高校实践育人要求整合实践资源,拓展实践平台,依托高新技术开发区、大学科技园、城市社区、农村乡镇、工矿企业、爱国主义教育场所等,建立多种形式的社会实践、创业实习基地。丰富实践内容,创新实践形式,广泛开展社会调查、生产劳动、社会公益、志愿服务、科技发明、勤工助学等社会实践活动,深入开展好大学生暑期"三下乡""志愿服务西部计划"等传统经典项目,组织实施好"牢记时代使命,书写人生华章""百万师生追寻习近平总书记成长足迹""百万师生重走复兴之路""百万师生'一带一路'社会实践专项行动"等新时代社会实践精品项目,探索开展师生志愿服务评价认证。深入推进实践教学改革,分类制订实践教学标准,适度增加实践教学比重,原则上哲学社会科学类专业实践教学不少于总学分(学时)的15%,理工农医类专业不少于25%。加强创新创业教育,开发专门课程,健全课程体系,实施"大学生创新创业训练计划",支持学生成立创新创业类社团。完善支持机制,推动专业课实践教学、社会实践活动、创新创业教育、志愿服务、军事训练等载体有机融合,形成实践育人统筹推进工作格局,构建"党委统筹部署、政府扎实推动、社会广泛参与、高校着力实施"的实践育人协同体系。

2021年结合党史学习教育,将社会实践有机融入党史教育当中,能有效提高党史教材的可读性和党史宣传的有效性。安徽师大在暑期社会实践的安排中,组织大学生深入山区、社区、课堂、工厂进行党史宣讲,对扩大党史精神的传播范围有积极作用,将互联网技术运用到具体的社会实践中,不仅可以在宣讲中激发学生对党史知识的兴趣,还能扩大宣讲团的队伍,将理论成果转化为实践成果,推动党史教育向基层深处发展。

案例二　围绕主题社会实践实践育人目标：

推进"四个有我"培育时代新人　江苏以实践活动为牵引
推动讲话精神入脑入心入行①

江苏省委教育工委紧紧围绕学习贯彻习近平总书记"七一"重要讲话精神，聚焦"四个有我"，开展"请党放心、强国有我"大学生主题实践活动，引导青年学生牢记嘱托，不负时代，不负韶华，勇做担当民族复兴大任的时代新人。

聚焦"学习有我"，开展"百校千人"大宣讲。以"学习'七一'讲话精神，汇聚青春奋进力量"为主题，组织百余所高校联合开展宣讲活动。组建优秀教师、大学生骨干宣讲团，深入师生开展集中宣讲、网络宣讲，深入企业、乡村、社区，开展基层宣讲、便民宣讲。以"师生共讲党史课""红色精神接力讲"为载体，将"四史"宣传教育有效融入思政课，创新打造"青年红色筑梦之旅"思政微课，师生在线观看796.4万人次。在全省职业院校创新创业大赛中增设党史知识竞赛组别，255所职业院校26万余名学生参与在线学习和竞答，总学习量达234万余人次。

聚焦"实践有我"，开展红色地标打卡实践活动。推出80多条红色研学旅行线路，组织青年学生以"循红色足迹，讲奋进故事"为题，就地就近就便打卡红色地标、打卡美丽乡村，走近老红军、老战士、英雄模范、时代楷模、抗疫先锋，学习先进事迹和崇高精神。全省近10万名师生参观"百年征程　初心永恒——中国共产党在江苏"历史图片展，累计49.13万人次参加"百万青年点亮红色江苏"线上活动，点赞24.56万人次。举办以130个自然村为创作

---

① 教育部–思政司.推进"四个有我"培育时代新人　江苏以实践活动为牵引　推动讲话精神入脑入心入行[EB/OL].http://www.moe.gov.cn/jyb_xwfb/xw_zt/moe_357/2021/2021_zt02/jinzhan/gexiaogeidi/202108/t20210813_550904.html.

对象的"丹青妙笔绘田园乡村"活动,激励大学生投身乡村建设行动。组建2000支省级大学生重点团队赴全国各地开展理论宣讲、国情调研、学习体验等实践活动,引导青年学生将小我融入大我,青春献给祖国。

聚焦"创新有我",开展大学生创新创业活动。开展全省大学生"听党话、跟党走——青年红色筑梦之旅"行动,引导超过5000支团队、50000名师生,围绕美丽乡村建设、现代农业、医疗、健康扶贫、红色文化传播等领域做出实际贡献。发挥全省5679家省级研究生工作站作用,组织超过10000名研究生和3000名导师投身创新实践,开展技术咨询和员工培训,帮助企业攻克技术难题,为企业发展注入新动能。

聚焦"奉献有我",开展大学生服务实践活动。以大学生"报效祖国,奉献社会"为主题,组织全省高校数千名大学生赴中西部地区和苏北部分县市开展惠农支教活动,围绕农产品溯源、产业链打造等开展农技实践指导,积极参与"我为乡村振兴献一计"活动,为区域经济社会发展建言献策。南京疫情发生后,数千名公卫、护理等专业大学生奔赴战"疫"一线,协助医护工作人员开展全员核酸检测,发出"到南京人民最需要我们的地方去"的时代强音。

【评析】

主题实践活动是高校落实立德树人根本任务的重要环节,主题实践活动对于促进学生了解社会、了解国情、增长才干、奉献社会、锻炼毅力、培养品格和增强社会责任感具有不可替代的作用。社会实践教育是一种特殊的课堂教育,是"行走课堂",不在传统的校内室内课堂中,而是拓展到了社会大空间。基于某一主题的社会实践教育需要预先做好教学设计,明确教学目标、教学重点、教学内容和形式,以及教学评价指标。通过在社会大空间内的活动开展,让大学生沿着实践教育安排,在接受红色主题现场教学时增强对党的信赖、对中国特色社会主义的信心、对马克思主义的信仰,在掌握知识、提高能力、陶冶情感、磨炼意志等整体素质的提升上也有着重要意义。

主题社会实践的表现形式多样,主要有考察探究、职业体验、社会服务、综合实践四类。其中仅以考察探究和社会服务为例,考察探究式的主题实践需要以知识为载体实现价值观引导、以教师主导为前提彰显学生主体性、以理性认知为基础并以情感认同为媒介,促成价值选择,遵循这样的实践原则可以最大限度地发挥主题实践对学生的感染和熏陶,激励广大学生树立、增强文化自信;社会服务主要以志愿服务为主,在具体实践过程中体现在对弱势群体的帮扶、对乡村基层的发展助力、对落后地区提升教育质量的帮助等。通过主题实践让学生感受到各个领域的具体痛点、难点,加强对理论知识的运用,提升专业实践能力。江苏省围绕"四个有我"展开校内外主题实践活动,组织大学生进行红色文化宣讲、走访红色地标、开展大学生创新创业活动和到基层服务活动,通过改变传播的主客体关系、再现历史记忆增强大学生对于党的历史和理论的认识和了解;通过组织创新创业活动,帮助大学生将在认识层面习得的本领转化为应用的成绩;通过引导大学生到国家和地区最需要的地方去服务,让大学生将个人成长与国家发展相融合。

第二节　繁荣校园文化

案例一　"三全育人"引领学风建设:
　　　　中南大学"三个融入"创建优良校园学风文化①

中南大学坚持以立德树人为根本,以人才培养为中心,将价值引领、行

---

① 中南大学.中南大学"三个融入"创建优良校园学风文化[EB/OL].http://www.moe.gov.cn/jyb_xwfb/s6192/s133/s205/202107/t20210730_547783.html.

为养成、青春赋能深度融入学生学业发展全过程,着力创建优良校园学风文化,努力引导广大学生练就担当民族复兴大任的过硬本领。

价值引领融入学业规划,厚植成才奉献文化。强化学科专业认知教育,举办"问渠课堂——院长开讲啦"、"领航前行"专业领军人才报告会等系列活动,邀请专家名师讲好学科发展和专业建设新成就,培育学生的专业认同感和自豪感,激发学生刻苦学习、潜心钻研的奋斗热情。发挥榜样典型示范引领作用,开展"学在中南"优秀学生、大学生年度人物系列评选活动,选树各专业优秀学子进行事迹宣讲、成果展示、经验交流,以身边榜样激励身边人,引导学生珍惜韶华、不负青春。强化报国奉献精神培育,聘请优秀校友担任本科生校外职业生涯规划导师,每年邀请一百多位优秀校友返校分享在各自专业领域的奋斗故事,引导学生坚定专业成才的信念,根植奉献报国的深厚情怀。学校每年有近四百名毕业学生奔赴基层一线岗位,践行专业发展与奉献的初心,勇担时代责任。

行为养成融入学业过程,营造勤学自律文化。实施名师领航工程,聘请知名教授担任学风代言人,围绕"爱、敏、博、静"四个方面,录制宣传视频,开展主题宣讲,引导学生爱学乐学好学。实施优良作息计划,开展"问渠晨读·阳光晨练"活动,开设全国高校首家友善体验馆,倡导推行"无手机"课堂、无人监考、晚寝自律熄灯等,引导学生养成良好的学习生活作息习惯。实施课堂行为规范,制定实施《中南大学学生课堂行为守则(试行)》,覆盖全体班级实行课堂礼仪,打造"五勤课堂",全过程引导学生以更专注的态度投身专业学习。学校课堂到课率达99%,学生晨读晨练身影遍布校园,勤奋好学之风日盛。

青春赋能融入学业发展,培育创新实践文化。打造一批开放式体验课堂,组织近2000名学生担任问渠晨读文化课堂、安全体验课堂、雷锋岗、国旗班等育人阵地宣讲员,辐射带动全校学生参与实践体验活动。开设一批辅学指导课程,遴选527名成绩拔尖、具有奉献精神的优秀学生组成辅学义工团队,依托校级辅学阵地——学生学习指导与发展中心,开展辅导课程3000余节,线上365天实时答疑,累计为学生答疑3万多次。开展一批专业创新实践,每年立项支持"学在中南"研究生社会实践、党史学习宣讲实践、国情社情观察社会实践等近300支暑期社会实践团队,大力推进创新实践和学科专业竞赛活动,学生每年获国家级及以上学科竞赛奖项3000多项。

【评析】

学风建设不是高校教育的孤立单元,是校风建设的重要组成部分,校风则是大学文化价值观的集中体现,是学校在不断发展中逐渐积淀而成的。好的学风能够浸润学生的心灵,将正确的价值观潜移默化地灌输给学生。中南大学通过价值引领、行为养成、青春赋能三方面进行学风文化建设,将具体活动融入学生学业发展的全过程,从而培育学生的专业技术、实践能力和行为习惯,这对学校的校风建设和学生的素质能力提升有重要的作用。

学风建设是提高人才培养质量、加快高校发展步伐的必然要求和重要保障,加强学风建设要在育人和教学上同向发力。一方面,要坚守"立德树人"的育人根本任务,秉承育人为本、德育为先、能力为重、全面发展的教育理念,将育人理念转化为学风建设中的原则,把文化建设融入人才培养核心工作,依托"一站式"学生社区和学生公寓等服务站点推动思想政治教育深入人心,合理开展理论宣讲会、职业发展座谈会等各类活动,将思想政治教育贯穿到学生成长的全过程,将立德树人贯穿到学生发展的各个环节,用校园文化和学风校风感染人、激励人,围绕"三全育人"打造从学校到学院、从教师到学生、从管理到后勤多方合力、齐抓共管的良好校园文化。另一方面,要坚持"授人以鱼,不如授人以渔"的教学理念,由浅入深向学生讲授专业知识,不仅把书上的知识教给学生,更要教会学生读书的方法,用一个知识教会学生一类知识,培养学生思考的习惯,养成自律的行为习惯,让学习成为一种自觉,打造良好学风。

案例二　根植校本文化建立文化育人机制:
　　　　上海交通大学以校本文化深化建设效果[①]

以文砺人,用价值观自信引领文化自信。坚持把价值观自信作为文化自信的根本,注重挖掘爱国奉献精神内涵和学校深厚文化底蕴,将传递"交大精神"作为社会主义核心价值观落小落细落实的重要载体。坚持由校党委书记为全体新生上第一堂课的传统,通过回溯学校奋斗历程,增强新生荣誉感与使命感。依托校史文博资源,发挥徐汇校史馆、闵行校史馆、文博大楼等育人阵地作用,以杰出校友钱学森人生经历为蓝本创作话剧《钱学森》、以校友口述编撰《思源·往事》、以学校优秀历史建筑为蓝本制作视频《交大有些老房子》、以校史故事创作相声剧《交大那些事》等,通过历史影像、声音、图片和文化作品等感染学生,得到青年学子广泛认同。

以文育人,将科学精神与人文情怀融入文化自觉。通过开学典礼、毕业典礼和校庆等活动大力弘扬科学精神和人文情怀,向师生、校友和全社会传播大学精神。深化思政课改革,校党委书记走上形势与政策课讲台,用生动案例引导学生读懂中国、坚定四个自信;校长从"热力学第二定律"和"人类文明发展规律"讲起,用严谨的公式推导,引导学生思考"中国自信从何处来"。大力宣传优秀科研团队事迹,引导学生以科学素养肩负社会责任,深化对自身使命的认知。举办"大师讲坛",每年邀请十余位国内外学术巨匠结合自身经历讲述科学研究和学术精神,激励研究生投身学术事业。将李政道图书馆、钱学森图书馆作为重要育人基地,弘扬科学精神和崇高品德,展示人文素养和家国情怀。

[①]　上海交通大学.上海交通大学深化校园文化建设[EB/OL].http://www.moe.gov.cn/jyb_xwfb/s6192/s133/s166/201703/t20170321_300295.html.

以文化人,让温馨校园涵养学生文化底蕴。利用徐汇校区悠久历史资源,以 13 座优秀历史保护建筑为核心,以中院、老图书馆等百年建筑为轴线,建设具有传统文化底蕴的地标及文化群落。注重文化标识构建,开展以校训、校徽、校旗、校歌、校门牌匾等核心文化符号的内涵挖掘,全面构建以形象标识、校园石刻、路名牌、校园指引标识、校园三维地图等为代表的校园文化载体,形成具有学校文化符号的视觉识别系统。注重激发学生参与校园环境建设的主动性,鼓励在校园环境中展示原创文化,让创意涂鸦和文化雕塑等成为学生写意青春的纪念。

【评析】

学校是学生学习的首要场所,而以校史人物的事迹和精神为代表的校本文化既是学校的独特文化资源,又是学生接受文化精神洗礼的直接来源之一,对涵养师生文化自信、促进"双一流"建设和文化育人都具有独特价值。上海交大历史悠久、文化底蕴深厚。为了更好地发挥校史育人作用,上海交大抓住了"人""建筑""精神"三个关键词,围绕钱学森、李政道等杰出校友,修建了钱学森图书馆、李政道图书馆四座特色鲜明的高校博物馆,将其作为校史校情、爱国主义和传统文化教育的重要基地。同时,为了深入挖掘杰出校友的优秀品质和卓越精神,上海交大还通过口述史、图片展、相声、话剧、视频等多元形式再现历史记忆,吸引大学生对教育资源的关注和主动进入。在文化育人的过程中,上海交大特别注重实践大学生的主体性,除了开发多元的教育形式外,还着力打造沉浸式场景,让大学生进入教育情境之中主动思考、主动融入文化环境并成为文化的塑造者。

文化育人离不开学校的文化建设,而校本文化则是学校文化中的重要组成部分。推动建设与传播校本文化这一多元、多维、多向度的文化,并非一朝一夕之功,需要依托学校本身的历史底蕴和制度机制,通过校本文化育人,可以加强学生对校园文化的认同度,从而积极践行和传播学校文化。以校本文化育人从校园景观、校史传承和教学科研等三个方面来努力。首先，校园物质文化作为一种物化的文化形态，是校本文化的基础，校园建筑建设要尽可能向美育的境界靠近，让一砖一瓦、一草一木彰显人文底蕴和景观特色；其次，校史精神是校本文化的灵魂，将其融入日常的教学活动、实践活动和学生生活中，作为校本文化的个性化形象外显，如在校庆纪念日开展校史讲座、合唱校歌等都是弘扬校本精神文化的体现；最后，校本行为文化具有感染力和吸引力，是校本文化品牌建设的鲜活载体，将学科建设、教学活动、专业教育融入到校本文化建设中，运用多媒体和互联网构建特色文化项目、运用校史特色创作学校文创产品，可以一定程度上提升校本行为文化的实践性和覆盖面，延展校本文化的辐射力，努力完成高校文化育人的总体要求。

第三节 加强网络育人

案例一 搭建网络育人载体大厦:
华南师范大学网络思政育人起强效①

高校思想政治工作关系到青年学子"扣好人生第一粒扣子"，广东省委高度重视高校思想政治工作，省委宣传部组织高校专家学者加强重大理论和现实问题研究，结合广东实际生动论证和有力阐释党中央治国理政新理念新思想新战略，创新思想政治工作方式方法，增强高校师生的理论认同、

---

① 人民日报.扣好人生第一粒扣子 广东高校思想政治工作新实践[EB/OL].http://www.moe.gov.cn/jyb_xwfb/s5147/201612/t20161208_291251.html.

政治认同、情感认同。中共中央政治局委员、广东省委书记胡春华对广东高校提出要求:"坚持把马克思主义中国化最新成果融入广东改革开放的生动实践,融入教育科研、课堂教学和课外实践活动的全过程,增强高校师生的理论认同、政治认同、情感认同,切实做到真学真懂真信。"在华南师大,官微"晚安华师""紫荆青年"拥有2万多粉丝,天天刷爆朋友圈。赵淦森负责的华南师大"青网计划"工作坊,用年轻人的表达方式,将传统枯燥乏味的"说教"变成时尚亲近的"微产品",与全校80多个公号形成强大的"微矩阵",是学校"互联网+思想政治教育"的主阵地。华南师大有档校园网络电视访谈节目叫"青春演播厅",青年教师在这里和学生们探讨人生与梦想。每一期主题都由全校学生海选产生,最近一期选出的主题是:"扣好人生第一粒扣子"。这也是千千万万高校学子的心声。

【评析】

随着科学技术的发展进步,互联网已经成为人们生活的第二空间。互联网不仅创新了思想政治教育信息的传递手段与方式,还改变了大学生的互动沟通形态、学习生活状态和认知思维形成。华南师大成立的"青网计划"工作坊以公众号为主渠道,打造80多个公众号的立体"微矩阵",以年轻化、多元化的思政教育平台激发学生兴趣,从而让学生乐于接受正确价值观的引领,找准人生正确方向。

网络育人首先要从风险挑战的维度,正视网络虚拟空间中纷繁复杂的各种信息带来的意识形态风险和价值危机。同时,网络新媒体与自媒体的崛起也使得传统的教育引导方式面临网络新挑战。高校日常思想政治工作的开展与落实,需要加强网络文化建设,发挥网络文化育人功能,要善于利用网络媒介构筑牢固的思想防线。其次,网络育人要从载体和资源的维度,积极拓展思想政治工作的网络营运,开发更为符合大学生需求的网络思想政治工作形式,让网络成为思想政治工作的加速器,推动新时代高校思想政治工作更贴近大学生。

随着互联网媒介的不断更新,高校开展网络育人的挑战和机遇都在加大。要想在网络育人上取得更大成效,学校、教师和学生三个主体共同发力。学校要根据学生发展需要构建网络思政育人格局,借助微信、抖音、钉钉等各类新媒体平台开展主题教育、实践活动、心理辅导等,借助活动将网络思政教育渗透到学生学习和生活中,促使学生思想道德素质、文化修养等提升,为帮助学生树立理想信念、传承中华民族优秀文化提供助力。高校应重视网络思想政治教育作为思想政治教育现实场域的新发展和特点,始终以积极而审慎的态度开发更可行的网络育人平台、提升网络育人技术、发展网络育人思维、拓展网络思政育人途径,发挥更大的育人功效。

案例二 全方位夯实网络阵地管理:
中国石油大学(华东)加强网络思政育人①

中国石油大学(华东)深入学习贯彻全国高校思想政治工作会议和学校思想政治理论课教师座谈会精神,聚焦立德树人根本任务,坚持科学建网、精心育网、扎实用网、协同强网,全面筑牢思想政治教育前沿阵地,切实提升网络思政育人实效。

科学"建网",加强网络育人环境建设。将网络思想政治教育作为重要内容纳入学校年度工作要点,努力构建学校党委主导、多方参与、共管共建的工作格局。抓好网络阵地管理,出台《新媒体平台管理办法》等制度,建立网络信息员和网评员队伍,强化对校园网、"两微一端"等校内媒体的管理指导和内容审核。积极传播网络正能量,组织开展"校园网络安全宣传周""大学

---

① 中国石油大学(华东).中国石油大学(华东)加强网络阵地建设 着力提升网络思政育人实效[EB/OL].http://www.moe.gov.cn/jyb_xwfb/s6192/s133/s145/202103/t20210317_520185.html.

生传媒文化节""小螺号"网络素养提升培训班及评选"校园好网民"等活动，编制《大学生网络素养提升手册》，以富有内涵的精神文化净化网络空间，营造风清气正的校园网络环境。

精心"育网"，加强网络育人内涵建设。实施校园网络名师培育支持计划，成立辅导员网络思政教育工作团队，将发表优秀网络作品纳入思政教师系列职称评审条件。实施"大学生网络文化工作室"培育支持计划，每年支持一批大学生网络工作室创作微课、微视、微话、微文等网络文化作品，形成各具特色、内容丰富、形式多样的内容供给"生产线"。开辟"学工之声"专栏和《石大辅导员》电子杂志，打造网络思政精品微课，开设《师说——新生入学教育》系列课程，着力提升网络思政引领力和影响力。

扎实"用网"，加强网络育人平台建设。构建以易班和新媒体矩阵为载体的网络思政教育大平台，推动实现育人全过程、影响全方位、传播全效能。制定《网络思想政治教育工作方案》，印发月度网络思想政治教育工作要点，结合重大节日、重要节点和时事热点设置十大主题教育月，打造全年不断线的网络主题教育平台。构建"大数据+"管理服务平台，实现入学教育前置、管理工作过程纪实和大数据迎新。建设"创易未来"虚拟现实智慧思政展厅，探索体验式、沉浸式网络思政教育新模式。

协同"强网"，加强网络育人品牌建设。强化学工部门、院部、辅导员和学生协同共建易班机制，增强易班网络思政育人功能，开发"易学习""易生活""易活动"等特色应用，实施易班校园成长计划、易班校园服务计划、易班校园创新计划和易班校园创业计划，承担山东高校易班发展中心建设，承办易班全国共建高校学习交流活动，努力打造易班思政育人品牌，获评"全国易班共建工作示范单位"。强化新媒体协同融合发展，上线学习强国号，开设微信视频号、百度百家号等，形成多媒体融合发展矩阵，不断提升网络育人成效。

【评析】

网络阵地建设是学校日常思想政治工作的重要一环，网络育人在当下的思政工作中有着特殊的优势，对学生来说，网络思政教育更具时代感和吸引力。在网络阵地建设过程中，学校政策、教师队伍、过程管理和创新发展都关乎育人的具体实效，通过科学"建网"、精心"育网"、扎实"用网"、协同"强网"递进式的建设和运行，能够使网络育人工作稳步发展，将网络有机融入传统的思政教育当中，提升育人成效。特别是"易班"这一提供教育教学、生活服务、文化娱乐的综合性互动社区，为网络思政教育工作提供了一个综合性较强的网络平台，为打造思政育人品牌、构建融媒体思政教育矩阵提供了助力。

当然，目前思政教育网络阵地的建设水平还参差不齐、功能职责还不明晰，需要在整体规划和整合资源上下功夫。中国石油大学(华东)以党建为引领，坚持党对思想政治教育网络阵地的全面领导，从顶层设计的角度加强学院新媒体平台的融合发展，以打造网格化思政教育阵地、营造风清气正的校园网络环境为整体目标和任务要求，推进了网络阵地建设与传统思政教育的融合发展。同时，学校积极挖掘人才，实施"大学生网络文化工作室"培育支持计划，鼓励学生在内容上创造、在形式上创新，整合校内外网络思政教育资源，通过信息的互联互通开辟专栏、打造微课，实现资源共用共享，通过辐射带动作用以点带面，逐渐培育出有亮点、有特色、吸引人、传播广的思政宣传栏目，引导学生在参与的过程中学到知识，帮助学生厚植对党的信赖、对中国特色社会主义的信心、对马克思主义的信仰。

案例三 疫情期间网络育人见真章：

中国人民大学聚焦上好在线"四课" 扎实开展疫情期间网络思政工作①

中国人民大学深入贯彻落实习近平总书记关于疫情防控系列重要讲话和指示批示精神，充分发挥学校学科师资优势，融通课堂内外，依托网络平台上好思政课、体验课、专业课、心理课"四课"，引导学生理性认识形势任务，全面坚定抗疫信心，积极投身抗疫实践，认真抓好学习主业，在党领导人民抗击疫情的伟大斗争中收获成长。

讲精"思政课"，创新教学模式，坚定理想信念。依托北京高校思想政治理论课高精尖创新中心、教师党支部书记"双带头人"工作室和"人大芸窗数字教材"等平台和资源，积极探索思政课线上教学新模式。组织全体教师"云备课"，将"打赢疫情防控的人民战争、总体战、阻击战"列为重点教学内容，着重领会好习近平总书记关于疫情防控的重要讲话和重要指示批示精神，着重阐释好蕴含其中的精神实质、理论框架、文化积淀、历史渊源、治理经验和法律思维等，引导学生进一步学深怡透中国共产党和中国特色社会主义的政治优势、制度优势。将思政"金课"全面移植到网络平台，确保"停课不停学、思政不掉线"。在开好校内各门思政课基础上，积极参与教育部"全国大学生同上一堂疫情防控思政大课"和北京市学校思政课教师"同备一堂课"录制等活动，承担北京市委教育工委"在经历中学习""在比较中学习""在反思中学习"系列疫情防控公开课制作任务，服务首都和全国思政课建设。组织全校学生积极参与"在经历中学习——疫情防控公开课"，开展专题学习

---

① 中国人民大学.中国人民大学聚焦上好在线"四课" 扎实开展疫情期间网络思政工作[EB/OL].
http://www.moe.gov.cn/jyb_xwfb/s6192/s133/s135/202006/t20200610_464648.html.

活动 55 场,参与学生 2.8 万余人次。

上好"体验课",深化主题教育,强化爱国担当。密切关注疫情发展动态,积极弘扬抗疫主旋律,围绕鼓舞师生"共抗疫情、爱国力行"的主题主线,让抗疫成为砥砺学生成长的一堂重要"体验课",引领学生看真人真事真情,明真识真知真理,坚定"四个自信"、涵养爱国情怀、感悟责任担当。充分发挥党员先锋模范作用,调动党、团、班基层组织,综合运用新媒体矩阵,开展线上抗疫主题教育活动,各类新媒体平台发布相关文章、信息 880 余条,阅读总量 8000 余万。组建马克思主义学院博士生宣讲团,联合多所高校开展抗疫主题宣讲,鼓励青年学子不惧风雨,勇挑重担。举办疫情防控及其影响解读专题讲座和微课 10 余场,广泛开展"做怎样的一代人""云战疫"等网络主题党日、团日活动,引导学生珍爱生命、遵守规则、与自然和谐相处,承担起对家庭、对社会、对国家的责任。号召师生积极参与捐款捐物、献血、志愿服务和抗疫日常管理,以实际行动助力疫情防控,在抗击疫情、脱贫攻坚等战线上展现青春风采。全校近七成学生参与了捐款捐物,近三成学生参与了各种形式的志愿服务。发起文学、艺术作品征集展播活动,征集抗疫作品 200 余份,发掘人大人战疫故事,推出人物先进事迹报道 14 期,弘扬师生榜样力量,传递为中国加油、为武汉加油的战"疫"必胜信心。

学透"专业课",做实学业辅导,守好主责主业。发挥新生成长导师、学业导师、专业教师和专职辅导员等各支队伍作用,引领学生利用好"宅家"抗疫的时间提升专业能力和学业水平。开展线上微讲座、读书沙龙、经典研习、读书分享、难点答疑、"励学相伴"等多种形式的学业辅导活动近 200 场,多层次为学生送上好文、好书,推荐优质网络学习资源。认真贯彻落实"停课不停学"工作部署,第一时间发布关于全面开展线上教学的通知,启动线上学习指导,扎实推进各门课程的线上教学,狠抓教学管理,深入推进课程思政,让专业课程与思政教育同向同行,引导学生尽快回归主业、恢复学习状态,努力克服疫情对学业的影响。

开好"心理课",及时排忧解难,保障身心健康。密切关注疫情防控期间学生思想动态和心理状况,把解决思想问题和解决实际问题有机结合,上好多种形式的线上"心理课",用心守好安全稳定底线,引导学生积极应对困难,合理疏导情绪,传递积极抗疫正能量。成立由党委学生工作部牵头,各学院党政领导班子、辅导员、班主任等组成的工作专班,构建网格化学生管理机制,通过微信等线上平台与学生保持密切沟通,及时掌握学生的健康、思想、心理状况,深入了解学生面临的困难和问题,并做到"一人一策"提供针对性关怀指导。依托学校心理健康教育与咨询中心,为学生提供专业化心理健康服务,专兼职咨询师和朋辈咨询师队伍齐上阵,录制5期心理专题"九思微课",推送心理健康专题文章24篇,提供心理"疫"课堂专家坐诊以及线上心理咨询,帮助学生做好居家防疫期间的情绪管理。针对毕业生、湖北籍学生、家庭经济困难学生等特殊群体,出台针对性支持帮扶措施,帮助他们战胜疫情影响,顺利渡过难关。

【评析】

新时代高校思想政治工作要求以习近平新时代中国特色社会主义思想为指导,坚持和加强党的全面领导,坚持社会主义办学方向,以立德树人为根本,以理想信念教育为核心,以培育和践行社会主义核心价值观为主线,以建立完善全员、全程、全方位育人体制机制为关键。

受新冠疫情的影响,原有的生活秩序被打乱,不确定性不仅危及大学生安全感,更给正常的学习生活带来了前所未有的危机。网络的使用助力高校整体育人工作,中国人民大学依托网络平台开设的思政课、体验课、专业课、心理课"四课"就是"三全育人"的体现,是立德树人融入思想道德、文化知识、社会实践教育各环节的典型案例。"人大芸窗数字教材"、新媒体矩阵、线上沙龙讲座和心理专题"九思微课"通过线上软件平台,突破了既有的时间和空间要素对于教学组织和实践活动的限制,通过组织云活动、上好云课堂、做好云诊断,确保了思想政治理论课教学、学科思政教学和日常思想政治教育工作的顺利开展,为大学生提供了全方位的学习指导和身心健康服务,从而调动学生的学习积极性和主动性,在非常态时期较好地引导学生正确认识外界环境以及如何处理与之关系,有效地教育学生坚定理想信念、强化爱国担当、守好学习主业、保障身心健康。

第四节　促进心理健康

案例一　以多元管理模式助力高校心理健康全模块建设:
贵州大学构建"456"模式 加强大学生心理健康教育①

贵州大学坚持育心与育德相结合,积极构建教育教学、实践活动、咨询服务、预防干预、平台保障为一体的心理健康教育工作格局,着力提升心理育人水平,促进学生阳光健康成长成才。

完善"四早教育"预防机制。建立健全符合学校和学生实际的心理健康教育"早发现、早评估、早预防、早干预"预防机制。每年对新生进行心理普查,对高年级学生进行抽查,努力做到"早发现";及时对心理普查、排查数据进行分析,筛查心理健康、心理困扰、心理障碍、心理疾病等情况,做到"早评估";第一时间将评估情况反馈学院心理辅导员,进行重点关注,做到"早预防";全力帮助心理困扰、心理障碍的学生恢复心理健康,对有特殊学生及时

---

① 贵州大学.贵州大学构建"456"模式 加强大学生心理健康教育[EB/OL].http://www.moe.cn/jyb_xwfb/s6192/s222/moe_1756/202101/t20210115_509906.html.

进行危机干预或心理治疗，做到"早干预"，推动实现心理危机预防精准化。

构建"五位一体"服务体系。积极构建由校心理咨询中心、学院心理辅导员、班级心理委员、宿舍"心灵使者"、学生家长"五位一体"的心理健康服务体系，通过专兼结合、朋辈互助、家长参与和心理专业平台建设，探索形成网络化、系统化、扁平化的管理模式。由学校心理健康咨询中心统筹制定和实施全校心理健康教育工作计划，组织开设心理健康教育系列课程，提供心理咨询服务，开展心理宣传教育和主题教育活动，处理危重案例，整合各方资源全方位帮助学生渡过心理危机。学院心理辅导员负责做好心理健康知识普及，处理一般心理问题，关注特殊的学生，做好学校心理危机干预体系的"启动钥匙"。班级心理委员和宿舍"心灵使者"负责宣传心理健康知识，及时报告心理异常学生情况，为同学提供朋辈心理支持，做好心理健康教育工作深入学生的基石。引导学生家长切实担负起家庭责任，关注孩子身心健康，为孩子提供心理支持，家校联合使学生心理健康得到全方位的保护和提升。

构筑"六个平台"育人载体。重视对学生的人文关怀和心理疏导，积极构筑六大育人载体，着力培育学生理性平和、积极向上的健康心态。构筑课堂教育平台，建立以《大学生心理健康》公共必修课为主，《压力管理心理学》《人际交往心理学》等7门选修为辅的心理健康课程教育教学体系。构筑网络宣传平台，建设融思想性、知识性、趣味性、服务性于一体的中英文心理健康教育咨询网——"心灵驿站"和手机微信公众号"贵大心理"，通过网络平台实现心理健康知识的宣传、普及、咨询、心理测评等功能。构筑心理咨询平台，提供个体咨询、答疑、信息互动等多样化服务。构筑特色活动载体，开展心理健康主题教育活动，打造"一月一剧四主题"特色心理品牌，即"至善杯"心理健康活动月、心理情景剧大赛、"四主题"活动（开展一次"我爱我心"主题班会、开展一次团体心理训练、写一篇"我的心灵成长日记"、交一个朋辈互助伙伴）。构筑朋辈互助平台，在学校层面成立心理协会、"心语心线"等学生朋辈组织,在学院层面成立学生心理健康朋辈互助组织,在班级设立心理委员,在宿舍楼栋设立"宿舍心灵使者",形成较为完备的学生心理健康朋辈互助体系。构筑心理帮扶平台,积极组织心理专家和学生心理志愿者深入社区开展心理知识宣传和咨询服务活动,深入脱贫攻坚第一线贞丰县鲁蓉乡中心学校以及威宁迤那镇开展"心理扶贫",设立"心理健康教育实践基地",帮助贫困山区的孩子建设好"心灵家园"。

【评析】

日常思想政治工作是指高校辅导员结合学生思想实际,在开展党团组织与班级建设、主题教育、校园文化建设、实践育人、网络思想政治教育、心理健康教育、就业创业教育、学业指导与生涯规划、紧急事件处理、资助育人、主题班会等方面形成的好思路好做法。[①]

贵州大学把心理健康工作融入日常思想政治工作中,把育心与育德相结合,形成一个融入"四早教育"预防机制、"五位一体"服务体系、"六个平台"育人载体三个方面的加强大学生心理健康教育"456"模式。"早发现、早评估、早预防、早干预"的"四早教育"有助于更好实现心理危机的精准化预防。构建由校心理咨询中心、学院心理辅导员、班级心理委员、宿舍"心灵使者"、学生家长"五位一体"的心理健康服务体系,探索网络化、系统化、扁平化的管理模式,这对于学生心理健康危机预防与干预起到重要的作用。《大学生心理健康》公共必修课,以及《压力管理心理学》《人际交往心理学》等选修课,发挥第一课堂的教育功能,系统性和专门性地传授心理学科知识,满足大学生心理健康的多方面需求。

高校加强人文关怀和心理疏导意识,通过班级心理委员和宿舍"心灵使者"负责宣传心理健康知识,及早发现与报告异常学生情况,提供来自朋辈

---

① 教育部高校辅导员工作精品项目培育建设管理办法[EB/OL].http://www.moe.gov.cn/s78/A12/tongzhi/201509/t20150921_209354.html.

心理支持,这对于及早发现、及早预防相关的心理问题可以起到很好的作用。在朋辈扶持的过程中,也需要加强心理委员与"心灵使者"本身的心理健康水平及心理知识储备,注意到心理工作的敏感性,帮助呵护有心理需求同学自尊心与自信心。贵州大学在帮助贫困山区孩子建设"心灵家园"的过程当中,也需要注意到当地贫困山区孩子的个性化心理需求,通过心理援助实现与山区孩子心灵的共同成长。

案例二 打造大学生心理健康教育专业化师资队伍:
上海高校充实专职教师全覆盖开设心理健康教育课程①

研发有温度的生命教育课,回应"00 后"大学生成长"真问题";制定高校心理危机干预及伦理手册,守护年轻人的心理健康;录制线上《大学生心理健康》,优质课程资源高校互通共享……近年来,上海高度重视学生心理健康教育工作,积极构建学生心理健康服务体系。

目前,上海高校将心理健康教育课程纳入整体教学计划,全覆盖开设心理健康教育必修课或选修课。所有高校全覆盖配备专职心理教师,专职心理健康教育教师人数近两年增幅达 30%。上海市教委主管部门将进一步加强和改进高校学生心理健康教育工作,把心理健康教育纳入立德树人全过程、各环节;注重科学支撑,从源头、过程、结果和保障管理来加强专业支撑;同时紧盯薄弱环节,着力从问题上解决好,补足补齐机构设置、课程开设、心理测评中的短板弱项。

"今天的你,过得开心吗?"回首过去的大学学习生活,你有深感孤独的时候吗?这些直抵人心的"灵魂拷问"均是同济大学开设的大学生生命教育

---

① 文汇网.为 00 后护航,上海高校全覆盖开设心理健康教育课程,专职教师近两年增幅达 3 成[EB/OL].http://wenhui.whb.cn/zhuzhan/xue/20220116/444298.html.

课"生命的省思"课上的热点议题。多位心理学专家认为：如今，不少大学生的关注焦点从祖辈们"如何活下去"的生存型难题，转变为"如何活得好"的发展型难题。很多对于生命议题的困惑，直接影响着当下学子的求学生涯与生活质量。在此背景下，高校必须高度重视大学生生命教育，研发有温度的生命教育课程，回应大学生的关切与思考。

在同济大学，从录制网络慕课《大学生生命教育：生存生机生活》，到开设线下特色课程《生命的省思——如何过好这一生》，结合心理学、哲学、教育学、医学等多学科视角，运用课程教育载体开展系统生命教育。课程抓住"00后"学生"真问题"、"心"体验，主动贴近"00后"大学生兴趣点、关注点，回应大学生追问，引领学生关注和体验生命历程。讲课老师们说，希望学生们能够通过这些课程体味生命的奥妙、美妙和不可逆之珍贵，从而更好地规划大学生涯，塑造健康的同伴关系和亲密关系。创新表达，东华大学等多所高校还依托微信小程序、哔哩哔哩等线上平台开展特色活动，设计线上生命探索馆等场景，培养学生珍视生命的意识，为学生健康成长和幸福生活筑牢"心"基础。

不仅如此，上海高校全覆盖提供规范便捷的心理咨询辅导，全覆盖落实新生心理健康普测，建立预警干预，以期"全链条"守护大学生的心灵。

大学生出现心理危机时，往往会伴随一些"信号"，如何识别这些信号？上海学生心理健康教育发展中心指导上海建桥学院、华东理工大学共同研制了《高校心理危机干预及伦理手册》，提供心理危机防护行动指导。上海对外经贸大学立足解决心理问题和实际问题相结合的原则，通过教师个别指导、朋辈帮扶等方式，分类解学生之所"难"，避免因压力无法缓解而造成心理问题。

与此同时，上海探索医教协同机制，推进心理健康教育本土化研究。上海已在杨浦、浦东、松江、奉贤、嘉定五个大学片区，开展医教结合工作，为疑难病例和危机学生"会诊",提供转介就诊的"绿色通道"。上海还出版了"澄心息虑"系列丛书,探索基于中医学科的心理育人新模式。

《上海市精神卫生体系建设发展规划(2020—2030年)》,明确要求"建立完善在校学生心理健康档案,开展学生心理健康监测、心理健康教育、心理咨询和心理危机预防干预等服务,建立学校、家庭、医疗机构、社区等联动协同机制"。为了让优质课程能够在高校之间互通共享,实现新生心理健康必修课全覆盖,上海市遴选一批优秀中青年教师,录制了线上《大学生心理健康》系列优质课程。

"多维角度看压力""挫折应对的四步法"……《大学生心理健康》课关注"00后"大学生的心理特征与心理需求,通过互动、事例等形式,紧贴学生真实需求,关注学生体验。《大学生心理健康》课程一期在2020年初上线,至今已有东华大学等34所全国各地高校参与选课,累计选课3.39万人,累计课堂互动15.56万次。目前,二期课程也已经全部录制完毕。

在此期间,各高校积极开拓各类特色心理健康教育课程。上海建桥学院依托"张海燕名师工作室"线上课程资源,采用慕课与翻转课堂混合的教学模式,在全体学生中开设32学时、2学分的必修课程,将知识传授、情感体验和行为训练有机结合,增强课程的趣味性、智能性和有效性。

关注大学生心理健康,离不开专兼结合、具有专业素养的心理健康教育工作人才队伍。上海坚持加大专职心理健康教育教师配备力度,近两年人数增长30%。目前,所有高校全覆盖配备专职心理教师,研究生学历占比93.2%,中高级职称占比71.7%。

同时,上海已连续16年开展"上海学校心理咨询师"专项培训,不断壮大心理健康教育工作队伍。针对专兼职心理教师、辅导员、教职工等不同群体,上海强化分层分类专业培训,年均开展20余场专题培训。此外,还聘请近20位境内外专家,担任上海学校心理健康教育名师工作室主持人,采取专题研修、学术切磋、个案研讨等"师徒带教"模式,培养了一批中青年骨干教师。

让"好老师"接住学生的"真问题",大学生生命安全"守门人"的队伍还在进一步拓展。例如,上海师范大学依托校内心理教育学科与校外精神卫生医学,协同建设心理健康教育各类课程,联合开展队伍培养,以科研互助、项目合作等为抓手,打通"医教社"融合通道,共护学生安全。上海通过组织"生命守门人"培训和生命教育工作坊,整合学工、教务、后勤、保卫等力量,协同公安、消防等部门,共同担任守护大学生生命安全的"守门人"。

【评析】

上海在高校心理健康教育的研究与实践方面一直处于国内较为领先的位置。首先,在理念上,上海高校把心理健康教育纳入立德树人全过程、各环节,融入生命教育过程中。例如同济大学录制网络慕课《大学生生命教育:生存生机生活》和开设线下特色课程《生命的省思——如何过好这一生》引导学生进行生命的"省思",思考"如何活得好"的发展性难题,解答生命议题的困惑,提高大学生的生活质量。

其次,上海心理健康教育具有很强的前瞻性以及强烈的问题意识,提出要切实地回应"00 后"大学生成长的"真问题",以及加强对大学生出现心理危机时的信号的识别。

再次,上海高校录制线上大学生心理健康优质课程,实现高校互通共享,《大学生心理健康》上线后已有东华大学等 34 所全国各地高校参与选课,累计选课 3.39 万人,累计课堂互动 15.56 万次,这有力地推动了心理健康教育的宣传。上海高校还积极创新心理健康课程教育模式,例如上海建桥学院采用慕课与翻转课堂混合的教学模式,将知识传授、情感体验和行为训练有机结合。东华大学等多所高校依托微信小程序、哔哩哔哩等线上平台开展特色活动。

最后，上海高校建设一批具有良好专业能力的专职心理健康教育教师队伍，近两年人数增长 30%，研究生学历占比 93.2%，中高级职称占比 71.7%。上海市重视对于高校心理咨询师的培养，已连续 16 年开展"上海学校心理咨询师"专项培训，还积极引入近 20 位境内外专家参与培养中青年骨干教师。

总之，通过理念的更新和师资、课程、活动等诸方面的同步推进，各高校形成了心理健康教育的蓬勃发展局面。

参考文献

一、经典文献

1.马克思恩格斯全集:第1卷[M].北京:人民出版社,2001.

2.马克思恩格斯全集:第3卷[M].北京:人民出版社,2002.

3.马克思恩格斯选集:第一卷[M].北京:人民出版社,1972.

4.马克思恩格斯选集:第二卷[M].北京:人民出版社,1995.

5.列宁选集:第四卷[M]北京:人民出版社,2012.

6.邓小平文选:第一卷,第二卷[M].北京:人民出版社,1994.

7.江泽民文选:第一卷,第二卷,第三卷[M].北京:人民出版社,2006.

8.胡锦涛文选:第一卷,第二卷[M].北京:人民出版社,2016.

9.毛泽东、邓小平、江泽民论世界观人生观价值观[M].北京:人民出版社,1997.

10.毛泽东、邓小平、江泽民论青少年和青少年工作[M].北京:人民出版社,2000.

11.毛泽东、邓小平、江泽民论教育[M].北京:中央文献出版社,2002.

12.习近平.干在实处 走在前列——在浙江新发展的思考与实践[M].北京:中共中央党校出版社,2006.

13.习近平.之江新语[M].杭州:浙江出版社,2007.

14.习近平.坚定不移沿着中国特色社会主义道路前进 为全面建成小康社会而奋斗——在中国共产党第十八次全国代表大会上的报告[M].北京:人民出版社,2012.

15.习近平.在纪念邓小平同志诞辰100周年座谈会上的讲话[M].北京:人民出版社,2014.

16.习近平.在纪念孔子诞辰2565周年国际学术研讨会暨国际儒学联合会第五届会员大会开幕会上的讲话[M].北京:人民出版社,2014.

17.习近平.在文艺工作座谈会上的讲话[M].北京:人民出版社,2015.

18.习近平.知之深 爱之切[M].石家庄:河北人民出版社,2015.

19.习近平.为建设世界科技强国而奋斗——在全国科技创新大会、两院院士大会、中国科协第九次全国代表大会上的讲话[M].北京:人民出版社,2016.

20.习近平.在庆祝中国共产党成立95周年大会上的讲话[M].北京:人民出版社:2016.

21.习近平.在中国文联十大、中国作协九大开幕式上的讲话[M].北京:人民出版社,2016.

22.习近平.决胜全面建成小康社会 夺取新时代中国特色社会主义伟大胜利——在中国共产党第十九次全国代表大会上的报告[M].北京:人民出版社,2017.

23.习近平.习近平谈治国理政:第二卷[M].北京:外文出版社,2017.

24.习近平.习近平谈治国理政:第三卷[M].北京:外文出版社,2020.

25.习近平.习近平谈治国理政:第一卷[M].北京:外文出版社,2018.

26.习近平.习近平在北京大学师生座谈会上的讲话[M].北京:人民出版社,2018.

27.习近平.为实现民族伟大复兴 推进祖国和平统一而共同奋斗——在《告台湾同胞书》发表40周年纪念会上的讲话[M].北京:人民出版社,2019.

28.习近平.在纪念五四运动100周年大会上的讲话[M].北京:人民出版社,2019.

29.习近平.论党的宣传思想工作[M].北京:中央文献出版社,2020.

30.习近平.在统筹推进新冠肺炎疫情防控和经济社会发展工作部署会议上的讲话[M].北京:人民出版社,2020.

31.习近平.在庆祝中国共产党成立100周年大会上的讲话[M].北京:人民出版社,2021.

32.中共中央文献研究室.关于建国以来党的若干历史问题的决议[M].北京:人民出版社,1983.

33.中共中央文献研究室.十二大以来重要文献选编:下[M].北京:人民出版社,1988.

34.中共中央文献研究室.建国以来重要文献选编:第十六册[M].北京:中国文献出版社,1997.

35.中共中央文献研究室.十六大以来重要文献选编:中[M].北京:中央文献出版社,2006.

36.中共中央文献研究室,中央档案馆.建党以来重要文献选编:1921—1949:第五册[M].北京:中央文献出版社,2011.

37.中共中央文献研究室.习近平关于全面深化改革论述摘编[M].北京:中央文献出版社,2014.

38.中共中央文献研究室.十八大以来重要文献选编:中[M].北京:中央

文献出版社,2016.

　39.中共中央文献研究室.习近平关于青少年和共青团工作论述摘编[M].北京:中央文献出版社,2017.

　40.中共中央文献研究室.习近平关于社会主义文化建设论述摘编[M].北京:中央文献出版社,2017.

　41.中共中央党史和文献研究院.十八大以来重要文献选编:下[M].北京:中央文献出版社,2018.

　42.教育部思想政治工作司.加强和改进大学生思想政治教育重要文献选编:1978—2014[M].北京:知识产权出版社,2015.

　43.邓中夏全集:下[M].北京:人民出版社,2014.

二、著作

　1.阿佛雷德·阿德勒.自卑与超越[M].李青霞,译.沈阳:沈阳出版社,2012.

　2.埃里希·佛洛姆.人心:善恶天性[M].向恩,译.北京:世界图书出版公司,2015.

　3.习近平系列重要讲话读本(2016)[M].北京:学习出版社,人民出版社,2016.

　4.卜建华.网络民族主义思潮与当代青年政治社会化研究[M].南昌:江西人民出版社,2013.

　5.岑国桢.青少年主流价值观——心理学的探索[M].上海:上海教育出版社,2007.

　6.曾长秋等.网络内容建设的理论基础与基本规律[M].北京:人民出版社,2017.

　7.陈华洲.思想政治教育资源论[M].北京:中国社会科学出版社,2007.

8.陈万柏,张耀灿.思想政治教育学原理[M].武汉:华中师范大学出版社,2012.

9.陈万柏.思想政治教育载体论[M].武汉:湖北人民出版社,2003.

10.陈曦作.网络社会身份的本质[M].北京:科学出版社,2021.

11.党的十九大报告辅导读本编写组.党的十九大报告辅导读本[M].北京:人民出版社,2017.

12.董娅.中国共产党加强和改进大学生思想政治教育研究[M].北京:人民出版社,2016.

13.杜安国,何小梅.高校文化育人理念与实践[M].广州:广东高等教育出版社,2019.

14.范跃进.大学生思想政治教育模式建构与实践[M].北京:中国文史出版社,2014.

15.冯刚.改革开放以来高校思想政治教育发展史[M].北京:人民出版社,2018.

16.冯刚.高校思想政治教育工作质量评价研究[M].北京:人民出版社,2020.

17.弗洛伊德.精神分析引论[M].周丽,译.武汉:武汉出版社,2014.

18.福克斯,莫斯可主编.马克思归来[M].传播驿站工作坊,译.上海:华东师范大学出版社,2016.

19.耿乃国.高校辅导员工作理论与实务[M].北京:北京师范大学出版社,2011.

20.海因里希·格姆科夫.马克思传[M].易廷镇,侯焕良,译.北京:人民出版社,2000.

21.郝桂荣.高校文化育人研究[M].沈阳:辽宁大学出版社,2018.

22.湖北高校思想政治教育管理发展研究中心.思想政治教育管理研究:

第一辑[M].北京:人民出版社,2019.

23.怀特·韦纳.自体心理学的理论与实践[M].吉莉,译.北京:中国轻工业出版社,2013.

24.黄力之.历史实践与当代问题:马克思主义文化理论研究[M].上海:上海人民出版社,2004.

25.黄秋生,陈元,薛玉成.当代大学生文化自信现状及培养研究[M].北京:团结出版社,2017.

26.简·梵·迪克.网络社会[M].蔡静,译.北京:清华大学出版社,2020.

27.教育部课题组.深入学习习近平关于教育的重要论述[M].北京:人民出版社,2019.

28.李海峰.高校思想政治理论课教师角色研究[M].北京:人民出版社,2012.

29.李红革.集成视角下大学生思想政治教育实效性研究[M].北京:人民出版社,2021.

30.李辽宁.当代中国思想政治教育意识形态功能研究[M].武汉:武汉大学出版社,2006.

31.李雪萍.高校思想政治教育的理论与实践[M].北京:中央编译出版社,2016.

32.梁剑宏.大数据时代思想政治教育环境新论[M].北京:光明日报出版社,2015.

33.林伟.政治社会化与大学生理想信念教育[M].杭州:浙江大学出版社,2014.

34.刘丽红.当代大学生思想政治教育工作探索[M].北京:中国文史出版社,2015.

35.刘社欣.思想政治教育合力研究[M].北京:人民出版社,2013.

36.陆通.中华优秀传统文化与文化自信[M].吉林:吉林出版集团股份有限公司,2018.

37.论学习贯彻习近平总书记新闻舆论工作座谈会重要讲话精神[M].北京:人民出版社,2016.

38.马修·麦克凯,杰弗里·伍德,杰弗里·布兰特里.辩证行为疗法:掌握正念、改善人际效能、调节情绪和承受痛苦的技巧[M].王朋飞,等译.重庆:重庆大学出版社,2018.

39.乔万敏,邢亮.大学生思想政治教育质量提升模式研究[M].北京:人民出版社,2013.

40.邱伟光等.大学生社会实践教育新论[M].上海:同济大学出版社,1994.

41.曲风主编.社会主义核心价值观学习读本[M].北京:国家行政学院出版社,2014.

42.荣格.潜意识与心灵成长[M].张月,译.上海:上海三联书店,2012.

43.桑爱友.高校大学生心理健康教育与发展研究[M].北京:九州出版社,2020.

44.《十谈》编写组.加强和改进新形势下高校思想政治工作十谈[M].北京:人民出版社,2017.

45.宋平论党的建设文选[M].北京:中央文献出版社,2000.

46.唐亚阳.网络思想政治教育学[M].北京:人民出版社,2016.

47.王娟.社会思潮与大学生主流意识形态认同[M].天津:天津人民出版社,2017.

48.吴广庆.文化融入思想政治工作的方法论研究[M].北京:中央编译出版社,2016.

49.吴继金.延安时期高等学校思想政治工作研究[M].武汉:华中师范大

学出版社,2019.

50.伍新春.行为矫正[M].北京:高等教育出版社,2008.

51.谢安国,纪安玲.大学思想政治工作专题研究[M].北京:人民出版社,2019.

52.徐园媛,廖桂芳,苏洁.大学生核心价值观教育接受机制构建[M].成都:西南交通大学出版社,2011.

53.杨伯成.高校网络思政教育平台的构建及其应用研究[M].北京:中国纺织出版社,2019.

54.杨道建.新时代高校三全育人理论与实践[M].镇江:江苏大学出版社,2021.

55.杨芷英.思想政治教育心理学[M].北京:中国人民大学,2014.

56.姚本先.学校心理健康教育——理论研究与实践探索所的整合[M].合肥:安徽大学出版社,2008.

57.袁国,徐颖,张功.新时代劳动教育教程[M].北京:航空工业出版社,2020.

58.张海燕.学校心理健康教育与咨询热点问题研究[M].上海:格致出版社,上海人民出版社,2018.

59.张详浩.中国传统思想教育理论[M].南京:东南大学出版社,2011.

60.张亚丹.大学生思想政治教育价值论[M].北京:人民出版社,2016.

61.赵文华.高等教育系统论[M].桂林:广西师范大学出版社,2001.

62.郑永廷,徐建军.大学生思想政治教育理论与实践[M].北京:高等教育出版社,2009.

63.郑永廷.思想政治教育方法论[M].北京:高等教育出版社,1999.

64.中共云南省委宣传部.社会主义核心价值观干部读本[M].北京:人民出版社,2014.

65.中共中央关于党的百年奋斗重大成就和历史经验的决议[M].北京：人民出版社,2021.

66.中国学位与研究生教育学会.教育规律读本育人三十六则[M].北京：商务印书馆:2019.71.

67.周利生,汤舒俊.红色资源与高校思想政治教育[M].北京:九州出版社,2018.

68.周良书主编.中国高校党的建设报告:2011—2015[M].北京:光明日报出版社,2016.

69.朱建军总主编.东方心理治疗名家系列:人格——一生一剧本[M].北京:知识产权出版社,2018.

70.庄严.大学生实践教育指南[M].哈尔滨:黑龙江大学出版社,2010.

三、中文报刊文章

1.CNNIC发布第49次《中国互联网络发展状况统计报告》[J].新闻潮,2022(02):3.

2.班建武."新"劳动教育的内涵特征与实践路径[J].教育研究.2019(01):21-26.

3.班建武.大学劳动教育的学段特征及其实践要求[J].中国高教研究.2022(05):60-64.

4.蔡伊琳,颜雄.高校劳动教育和思政课教学协同育人探究[J].决策探索（下）,2021(05):31-32.

5.陈毕晟.关于高校心理健康教育工作者专家化的思考[J].思想理论教育导刊,2013(01):121-123.

6.陈春晓.高职院校心理健康课程教学效果调查与研究[J].武汉船舶职

业技术学院学报,2021,20(04):83-85.

7.陈力丹.马克思和恩格斯丰富的新闻实践和新闻思想[J].中国广播电视学刊,2018(04):16-20.

8.陈立泰.大学生心理健康在人际交往问题中的调查研究[J].科技资讯,2021,19(31):169-171.

9.陈灵泉,王迅,成宏涛.高校大学生心理健康教育工作机制探讨[J].中国石油大学胜利学院学报,2008,22(04):71.

10.程路,杜若溪,李凡叶.发达国家和地区与我国学校心理健康教育工作者培养模式的比较及启示[J].教育现代化,2020,7(20):191-193.

11.代俊,袁晓艳,李仁莉."互联网+"背景下的混合式课程改革——以"大学生心理健康"课程为例[J].西昌学院学报(社会科学版),2021,33(03):119-123.

12.邓伟琼.高校微信公众号对思政教育的作用机制研究[J].湖北函授大学学报,2017,30(10):64-65+178.

13.樊士博.互联网视阈下社会主义核心价值观传播的现实意义[J].党史文苑,2016(16):60-63.

14.冯刚.互联网思维与思想政治教育创新发展[J].学校党建与思想教育.2018(03):4-8.

15.冯刚.论新时代高校思想政治工作守正创新[J].上海交通大学学报(哲学社会科学版).2021,29(05):31-40.

16.冯正玉.高质量构建高校思想政治工作体系(新论)[N].人民日报,2021-12-03(05).

17.高校思想政治工作成效显著——为中国梦矢志奋斗的青春力量[N].人民日报,2022-01-09(05).

18.郭永玉.弗洛姆人本主义精神分析的启蒙价值[J].心理学报,2022,54

（02）：205-218.

19.华正学.基于认知体验的高校思政课"行走课堂"教学范式探究[J].学校党建与思想教育，2019（02）：47-49.

20.黄超，丁雅诵.全国高校坚持把立德树人作为中心环节，把思想政治工作贯穿教育教学全过程[N].人民日报.2021-12-10（01）.

21.黄燕.高校网络文化的育人功能及其实现路径探析[J].思想理论教育.2018（09）：82-86.

22.李华龙，侯海坤，杨钰泉.高校青年志愿服务视角下大学生思政教育路径创新[J].西安电子科技大学学报（社会科学版），2020,30（04）：98-102.

23.李欢.新中国成立初期学校劳动教育的实践探索与经验启示[J].兰州学刊.2022（04）：36-46.

24.李欢欢.单亲家庭大学生心理健康现状与特点——基于江苏省高校的调查[J].江苏第二师范学院学报，2021,37（06）：107-111.

25.李凌.浅析新媒体环境下高校思想政治教育的创新——评《新媒体时代高校思想政治教育创新研究》[J].新闻战线，2018（19）：150.

26.李敏."互联网+"时代大学生网络文化素养的失范与理性重构[J].山西经济管理干部学院学报，2018,26（02）：110-113.

27.李裘.校园新媒体在高职思想政治教育中的应用研究——以官方微信公众号为例[J].新闻研究导刊，2021,12（18）：142-144.

28.李仙娥.习近平劳动教育观研究[J].理论学刊.2022,（03）：14-21.

29.李新纲，张艳.高校大学生心理健康教育协同发展模式探析——"一制统领，两线结合，三点关注，四方联动"的同心同行同向同进模式[J].太原城市职业技术学院学报，2018（10）：87-89.

30.李怡和，伍翔，丁哲顾，李学盈，黄秋芬.广东省高校大学生心理健康教育知晓率调查研究[J].心理月刊，2021,16（13）：20-22.

31.刘瑞,蒋笃君.略论高校网络文化建设的新形势及优化路径.思想理论教育导刊.2022(04):124-128.

32.刘书林.思想政治教育工作应对逆反心理的方法探讨[J].思想理论教育导刊,2022(02):13-21.

33.刘文静.斯金纳操作行为主义与思想政治教育关系新论[J].佳木斯职业学院学报,2015(09):172-173.

34.刘玉霞.高校思政课实践育人的理论逻辑与提升路径[J].中共郑州市委党校学报,2021(01):102-105.

35.吕泊怡,黄欢,赵智军.CIPP评价模式下高职院校心理健康课程评价指标体系的构建[J].闽西职业技术学院学报,2021,23(02):88-91.

36.马建青.大学生心理健康教育课程30年建设历程与思考[J].思想理论教育,2016(11):87-91.

37.马占成.把人民健康放在优先发展战略地位 努力全方位全周期保障人民健康.[N].人民日报.2016-08-21(01).

38.缪学超.理解、认同与传承:学校仪式的文化育人路径[J].湖南师范大学教育科学学报.2020,19(04):95-100.

39.彭永东.大学生发展性心理健康教育模式的理论与现实基础探析[J].文教资料,2009(07):211-212.

40.商应美,魏宇静.高校网络文化建设的现实考察与策略选择——基于教育部试点高校的分析[J].中国青年社会科学.2019,38(05):53-60.

41.佘双好,马桂馨.新时代高校思想政治工作的主要成就、基本经验与发展趋势[J].思想理论教育.2022(02):33-39.

42.佘双好.习近平关于高校思想政治工作重要论述的发展过程及基本观点探析[J].思想政治教育研究.2020,36(02):7-12.

43.舒跃育.行为主义心理学的"自由意志——决定论困境"[J].华中师范

大学学报(人文社会科学版),2022,61(02):181-188.

44.唐瑜.大学生思想政治工作增强针对性有效性路径探索[J].中国高等教育.2022(01)33-35.

45.童三红.高校心理健康教育工作者不容回避的两难问题及处置[J].中国成人教育,2013(18):50-52.

46.推动媒体融合向纵深发展 巩固全党全国人民共同思想基础[N].人民日报.2019-01-26(01).

47.王斌伟.高校思想政治工作体系建设的逻辑、历程和启示[J].学校党建与思想教育,2022(05):34-37

48.王斌伟.构建高质量思想政治工作体系[N].南方日报,2020-07-20(15).

49.王飞,徐继存.大中小学劳动教育实施现状的调查研究[J].课程.教材.教法.2020(02):12-19.

50.王凯丽,徐铖铖.探析以特色工作室和二级辅导站为依托的"全员"心理健康教育模式——以"心语"工作室和辅导站为例[J].科教导刊,2021(17):170-172.

51.王素斐."行走课堂"在高校思想政治理论课中的探索[J].湖北开放职业学院学报,2019,32(23):111-113.

52.王涛.全国高校共青团微信公众号的调查与分析[J].传媒,2018(16):56-58.

53.王长华,马俊.新时代高校思想政治工作体系贯通人才培养体系论析[J].思想理论教育导刊2022(05):141-146.

54.王振.改革开放以来高校文化育人的回顾与思考[J].思想理论教育.2018(12):90-95.

55.吴晶,胡浩.习近平在全国高校思想政治工作会议上强调 把思想政治工作贯穿教育教学全过程 开创我国高等教育事业发展新局面[J].中国高等教育,2016(24):5-7.

56.吴小燕,祁雷,章葳蕤,杨利梅.大学生心理健康状况调查分析[J].心理月刊,2022,17(04):226-228.

57.新时代高校网络文化育人的探索与实践[J].思想理论教育导刊.2019(11):144-147.

58.徐以标."行走课堂"在高校思想政治理论课中的实践研究[J].吉林省教育学院学报,2021,37(03):46-49.

59.许桂林,刘丙元.论教育仪式话语的特点及其功能[J].当代教育科学.2017(12):32-35+74.

60.杨彬.加快构建高校思想政治工作体系[N].中国教育报,2020-05-14(01).

61.杨静.心理学视域的泛课程思政探析[J].中学政治教学参考,2019(36):101.

62.张莜莉.基于学生主体性的高校发展性心理健康教育模式[J].江苏高教,2014(06):141.

63.张哲浩,孙玥.浅谈高校如何利用新媒体平台开展网络思政——以某高校学工微信公众号W为例[J].传播与版权,2022(02):55-57.

64.张智.新时代加强和改进思想政治工作论略[J].思想理论教育导刊.2021(09):128-135.

65.赵婀娜,张烁.立德树人有道春风化雨无声——党的十八大以来高校思想政治工作综述[N].人民日报,2016-12-07(01).

66.郑敬斌.提升思想政治工作科学化、规范化、制度化水平论析[J].思想理论教育.2021(10):18-23.

67.中共中央国务院关于全面加强新时代大中小学劳动教育的意见[N].

人民日报,2020-03-27(01).

68.中共中央国务院印发《关于加强和改进新形势下高校思想政治工作的意见》[J].社会主义论坛,2017(03):4-5.

69.中共中央国务院印发《关于新时代加强和改进思想政治工作的意见》[N].人民日报.2021-07-13(01).

70.中国普通高等学校德育大纲.中国高等教育[J].1996(01):6.

71.钟歆,岳松君,肖清滔.新时代高校心理健康教育工作者的困境与突围[J].重庆理工大学学报(社会科学),2020,34(06):129-136.

72.仲卫,朱风书,颜军.新时期大学生心理健康水平现状调查及影响因素分析[J].当代体技,2021,11(35):225-227.

73.周祥东.当前形势下高校校园新媒体的困境及发展策略[J].齐齐哈尔师范高等专科学校学报,2018(03):74-76.

四、学位论文

1.蔡昕.高校实践育人政策研究[D].河南科技大学,2019.

2.常宝玺.新时代高校文化育人逻辑及其实践研究[D].华东师范大学,2020.

3.陈君.大学生心理健康教育与思想政治教育相结合研究[D].武汉大学,2019.

4.陈怡.日常生活语境下的意识形态工作研究[D].华东师范大学,2019.

5.范冰.试论大学生社会实践活动的模式创新究[D].华东师范大学,2007.

6.付玉璋.高校网络育人协同机制及其建构研究[D].武汉大学,2019.

7.彭杰.学校日常生活的仪式研究[D].华东师范大学,2016.

8.吴大惠.高校思想政治教育实践育人路径研究[D].重庆理工大学,2021.

9.杨丹.新时代高校劳动教育实践的问题与对策研究[D].华南理工大学,2020.

10.张敏.思想政治教育视域下大学生精神成人研究[D].陕西师范大学,2011.

五、网络文献

1.2021教育政务新媒体年会举行,发布《2020教育政务融媒体海口宣言》[EB/OL].http://www.moe.gov.cn/jyb_xwfb/gzdt_gzdt/s5987/202012/t20201217_506090.html.

2.QuestMobile2020年中90后人群洞察报告[EB/OL].https://www.quest-mobile.com.cn/research/report-new/123.

3.北大教授称30%北大学生有"空心病",大学生应该如何自救?[EB/OL].http://view.inews.qq.com/a/20211106A0254N00.

4.北京交通大学.北京交通大学以"三个强化"拓展劳动教育实施途径[EB/OL]http://www.moe.gov.cn/jyb_xwfb/s6192/s133/s142/202204/t20220406_614134.html.

5.高校思想政治工作质量提升工程实施纲要[EB/OL].http://www.moe.gov.cn/srcsite/A12/s7060/201712/t20171206_320698.html.

6.贵州大学.贵州大学构建"456"模式 加强大学生心理健康教育[EB/OL].http://www.moe.gov.cn/jyb_xwfb/s6192/s222/moe_1756/202101/t20210115_509906.html.

7.教育部,财政部.教育部、财政部关于印发《高等学校勤工助学管理办法(2018年修订)》的通知[EB/OL].http://www.moe.gov.cn/srcsite/A05/s7505/201809/t20180903_347076.html.

8.教育部、共青团中央关于加强和改进高等学校校园文化建设的意见[EB/OL].http://www.moe.gov.cn/srcsite/A12/moe_1407/s3008/200412/t200412220_76337.html.

9.教育部:全国高校专兼职辅导员达24.08万人,师生比1:171.[EB/OL].http://www.moe.gov.cn/fbh/live/2022/54301/mtbd/202203/t20220317_608428.html.

10.教育部办公厅关于加强学生心理健康管理工作的通知[EB/OL].http://www.moe.gov.cn/srcsite/A12/moe_1407/s3020/202107/t20210720_545789.html.

11.教育部办公厅关于开展"三全育人"综合改革试点工作的通知[EB/OL].http://www.moe.gov.cn/srcsite/A12/moe_1407/s253/201805/t20180528_337433.html.

12.教育部办公厅关于印发《普通高等学校学生心理健康教育课程教学基本要求》的通知[EB/OL].https://xlx.ynnu.edu.cn/xlx/ReadNews.asp?NewsID=594.

13.教育部等八部门关于加快构建高校思想政治工作体系的意见[EB/OL].http://www.moe.gov.cn/srcsite/A12/moe_1407/s253/202005/t20200511_452697.html.

14.教育部高校辅导员工作精品项目培育建设管理办法[EB/OL].http://www.moe.gov.cn/s78/A12/tongzhi/201509/t20150921_209354.html.

15.教育部关于加强普通高等学校大学生心理健康教育工作的意见[EB/OL].http://www.moe.gov.cn/s78/A12/szs_lef/moe_1407/moe_1411/s6874/s3020/201001/t20100117_76896.html.

16.教育部关于印发《大中小学劳动教育指导纲要(试行)》的通知[EB/OL].http://www.moe.gov.cn/srcsite/A26/jcj_kcjcgh/202007/t20200715_472808.html.

17.教育部-思政司.推进"四个有我"培育时代新人 江苏以实践活动为牵引 推动讲话精神入脑入心入行[EB/OL].http://www.moe.gov.cn/jyb_xwfb/xw_zt/moe_357/2021/2021_zt02/jinzhan/gexiaogeidi/202108/t20210813_550904.html.

18.教育部-中国教育报.青春在志愿服务中绽放 安徽师大近万名师生通过暑期社会实践学史力行[EB/OL].http://www.moe.gov.cn/jyb_xwfb/xw_zt/moe_357/2021/2021_zt02/jinzhan/gexiaogeidi/202108/t20210813_550904.html.

19.努力培养担当民族复兴大任的时代新人——学校思想政治理论课教师座谈会与会代表热议习近平总书记重要讲话[EB/OL].http://www.moe.gov.cn/jyb_xwfb/s5147/201903/t20190319_374021.html.

20.切实推进高校辅导员队伍建设 为加强大学生思想政治教育提供坚强的组织保证——周济部长在全国高校辅导员队伍建设工作会议上的报告[EB/OL].http://www.moe.gov.cn/jyb_zzig/moe_187/mo3_410/mo3_tnull_18978.html.

21.人民日报.扣好人生第一粒扣子 广东高校思想政治工作新实践[EB/OL].http://www.moe.gov.cn/jyb_xwfb/s5147/201612/t20161208_291251.html.

22.上海交通大学.上海交通大学深化校园文化建设[EB/OL].http://www.moe.gov.cn/jyb_xwfb/s6192/s133/s166/201703/t20170321_300295.html.

23.沈晓明.让教育政务新媒体"活起来""多起来""暖起来"[EB/OL].http://www.moe.gov.cn/jyb_xwfb/gzdt_gzdt/s5987/201701/t20170106_294183.html.

24.提高政治站位 加强源头治理 强化过程管理 完善综合保障 教育部召开全国高校学生心理健康教育工作推进会[EB/OL].http://www.moe.gov.cn/jyb_zzjg/huodong/202111/t20211130_583568.html.

25.天津大学.天津大学探索构建劳动教育新模式[EB/OL].http://www.moe.gov.cn/jyb_xwfb/s6192/s133/s157/201911/t20191105_406923.html.

26.文汇网.为00后护航,上海高校全覆盖开设心理健康教育课程,专职教师近两年增幅达3成[EB/OL].http://wenhui.whb.cn/zhuzhan/xue/20220116/444298.html.

27.新华社.习近平出席全国教育大会并发表重要讲话[EB/OL].http://www.gov.cn/xinwen/2018-09/10/content_5320835.htm?tdsourcetag=s_pctim_aiomsg.

28.浙江大学.浙江大学积极推进校园学术文化建设[EB/OL].http://www.moe.gov.cn/jyb_xwfb/s6192/s133/s192/201604/t20160427_241106.html.

29.中共教育部党组关于印发《高等学校学生心理健康教育指导纲要》的通知[EB/OL].http://www.moe.gov.cn/srcsite/A12/moe_1407/s3020/201807/t20180713_342992.html.

30.中共教育部党组关于印发《高校思想政治工作质量提升工程实施纲要》的通知[EB/OL].http://www.moe.gov.cn/srcsite/A12/s7060/201712/t20171206_320698.html.

31.中共中央国务院印发《关于新时代加强和改进思想政治工作的意见》[EB/OL].http://www.moe.gov.cn/jyb_xwfb/s6052/moe_838/202107/t20210713_544151.html.

32.中国互联网络信息中心.第49次《中国互联网络发展状况统计报告》(全文)[EB/OL].http://www.cnnic.net.cn/hlwfzyj/hlwxzbg/hlwtjbg/202202/P020220407403488048001.pdf,P5.

33.中国人民大学.中国人民大学聚焦上好在线"四课"扎实开展疫情期间网络思政工作[EB/OL].http://www.moe.gov.cn/jyb_xwfb/s6192/s133/s135/202006/t20200610_464648.html.

34.中国人民警察大学.中国人民警察大学深入实施校园文化铸魂工程 着力提升文化育人质量[EB/OL].http://www.moe.gov.cn/s78/A12/gongzuo/moe_2154/201812/t20181224_364647.html.

35.中国石油大学(华东).中国石油大学(华东)加强网络阵地建设 着力提升网络思政育人实效[EB/OL].http://www.moe.gov.cn/jyb_xwfb/s6192/s133/s145/202103/t20210317_520185.html.

36.中国政府网.国务院办公厅关于全面加强和改进学校美育工作的意见[EB/OL].http://www.gov.cn/gongbao/content/2015/content_2946698.htm.

37.中南大学.中南大学"三个融入"创建优良校园学风文化[EB/OL].http://www.moe.gov.cn/jyb_xwfb/s6192/s133/s205/202107/t20210730_547783.html.

后 记

思想政治工作是中国共产党的优良传统和一切工作的生命线。无论是在革命战争年代还是在和平发展时期，党的主要领导人始终将思想政治工作视为全党工作的重中之重，始终坚持用马克思主义中国化最新成果武装全党、教育人民、指导工作，用正确的舆论引导人。在百年未有之大变局下，青年大学生的思想政治工作面临着更为严峻的形势任务。

"青年兴则国家兴，青年强则国家强。"①对青年大学生的思想政治工作始终是全党思政工作和高校育人工作的重要方面。进入社会主义新时代以来，习近平总书记在全国高校思想政治工作会议、全国教育大会、学校思想政治理论课教师座谈会上发表一系列重要讲话，作出多项重要指示批示，强调人才培养体系涉及学科体系、教学体系、教材体系、管理体系等，而贯通其中的是思想政治工作体系。为了更好地加快构建高校思想政治工作体系，推动高校思想政治工作创新发展，2020 年 5 月，教育部等八部门联合印发了《关于加快构建高校思想政治工作体系的意见》，详细规划了包括理论武装

---

① 习近平谈治国理政(第一卷)[M].北京:外文出版社,2018:96.

体系、学科教学体系、日常教育体系、管理服务体系、安全稳定体系、队伍建设体系、评估督导体系等在内的七个子体系。每一个体系相对独立、各司其职而又相互联结、相辅相成，各个体系有序运作、相互配合衔接。

日常思想政治工作是指在思想政治课堂教学以外的，与大学生日常生活紧密相连的思想政治教育。相对于其他几个子体系，"日常教育体系"更加强调走近青年大学生的生活，注重从大学生的日常生活中汲取现实的思想政治教育内容，把符合他们的生活和发展要求的内容随时随地纳入到教育之中，并使之渗透到大学生日常生活的全时空之中。"日常教育体系"既为其他子体系服务，也是对其他子体系的贯彻与执行。高校思政工作的日常教育体系主要由社会实践活动、校园文化建设、心理健康教育、网络教育构成，四个部分既相互独立也彼此融通，共同服务于立德树人的整体教育目标。

社会实践、校园文化、心理健康是高校思政育人的重要内容，有着长期建设经验。自 20 世纪末互联网兴盛之后，网络教育也随之成为思想政治工作的重要方面。随着立德树人根本任务的不断强化，高校中各学科研究人员也都纷纷参与到实践育人、文化育人、心理育人、网络育人的理论研究之中，为实践工作提供了更多的理论遵循和指导。同时，高校思想政治的一线工作者队伍也呈现逐步发展的态势，在原有的辅导员、班主任队伍外，"三全育人"的教育政策将专业教师、管理人员、行业精英等都纳入到了高校思想政治工作队伍中，城乡基层、各类组织、各种场域都加入并成为高校思想政治教育的实践基地，这一切使得日常教育体系有了理论与实践的同向进步。

但面对各地各高校良好的日常思想政治工作基础和取得的丰富经验的同时，我们也要敏锐地看到，高校思想政治工作面对的教育环境、教育对象等要素在不断发生变化，这项工作必须因势而变，在尊重教育规律的前提下常做常新。

"高校思想政治工作，面上看做的是学生思想政治工作，实际上将影响一代青年的思想观念、价值取向、精神风貌。"①中华民族的伟大复兴与永续辉煌取自于代代青年人的接续奋斗。高校教师责任在肩,亦责无旁贷。

本书是笔者在 13 年高校思想政治一线工作的经验基础上,结合党的宣传教育、政治传播的研究专长而进行的经验总结与理论反思。导论部分从日常思想教育体系在高校思想政治工作体系中的地位和功能着手,分别对社会实践、校园文化、心理健康、网络教育等四个方面进行理论阐释与内容解读。尝试在对当前时空下,四个方面最核心的内容和最突出的问题进行应然与实然的分析,并以"三全育人"理念为牵引提出相应的改善思路和方案。

本书的写作得到了我的导师齐卫平教授的指导和支持,得到了叶淑兰、樊士博、田凯华、刘小雨、张园等诸位同事、好友,以及沈杨思杉、王钰淇、孙树靖、江伟等同学的关心和热心帮助。在本书的酝酿、写作与出版过程中,要特别感谢天津人民出版社和本书责任编辑王琤,如果没有王琤的鼓励和鞭策,本书的写作进程不能如此顺利。在此,谨对以上诸位致以我最衷心的感谢和敬意!

需要说明的是,本书引用的专家学者观点和案例资料,已尽可能一一标出,但也难免挂一漏万,敬请谅解!同时,由于笔者才疏学浅,水平有限,谬误之处恐怕在所难免,尚祈望有关专家、读者不吝赐教!

王子蕲

2022 年 7 月

---

① 中共中央文献研究室.习近平关于青少年和共青团工作论述摘编[M].北京:中央文献出版社,2017:38.